ÉTUDE

UTILISATION PRATIQUE

DES

VÉLOCIPÈDES MILITAIRES

VÉLOCIPÈDES PEUGEOT

Les Fils de PEUGEOT Frères
VALENTIGNEY (Doubs)

USINES

A VALENTIGNEY, BEAULIEU, HÉRIMONCOURT

MAISONS :

A PARIS, 32, Avenue de la Grande-Armée.

A BORDEAUX, 7, Allées de Tourny.

CATALOGUE FRANCO

Voir page 81

LES OUVRAGES UTILES A CONSULTER

PAR

MM. LES VÉLOCIPÉDISTES

8° V
23724

INSTRUCTION PRATIQUE

DES

VÉLOCIPÉDISTES MILITAIRES

DROITS DE REPRODUCTION ET DE TRADUCTION RÉSERVÉS.

INSTRUCTION PRATIQUE

DES

VÉLOCIPÉDISTES MILITAIRES

Par HOUSSEMENT

Lieutenant instructeur à l'Ecole de Gymnastique et d'Escrime

PARIS	LIMOGES
11, Place St-André-des-Arts.	46, Nouvelle Route d'Aixe, 46.

Henri CHARLES-LAVAUZELLE

Éditeur militaire.

1892

AVANT-PROPOS

Le travail que nous publions à la suite du *Règlement provisoire sur l'organisation et l'emploi du service vélocipédique dans l'armée* est le résultat de nombreuses expériences faites sous les yeux de l'auteur à *l'Ecole normale militaire de gymnastique et d'escrime.*

Tout le monde reconnaît aujourd'hui que les vélocipédistes militaires pourront rendre de très grands services, non seulement comme estafettes, mais encore comme éclaireurs, et, quelquefois, comme combattants, à la condition qu'ils soient habiles, entraînés et qu'ils aient des notions suffisantes sur les différentes missions qu'on pourra leur confier.

Ce travail répond entièrement à ce programme, sauf en ce qui concerne le service en campagne, dont on n'a pas cru devoir parler ici, les vélocipédistes étant recrutés parmi les anciens soldats. Mais c'est surtout une étude pratique du vélocipède et de sa marche. Il a été divisé en sept chapitres qui comprennent :

Chapitre Ier. — Considérations générales sur la vélocipédie militaire.
Chapitre II. — Exercices de vélocipédie.
Chapitre III. — Tir.
Chapitre IV. — Marches.
Chapitre V. — Lecture de la carte.
Chapitre VI. — Eléments des colonnes et signes distinctifs.
Chapitre VII. — Nomenclature, ajustage et entretien des machines.

RÈGLEMENT PROVISOIRE

SUR L'ORGANISATION ET L'EMPLOI

DU SERVICE VÉLOCIPÉDIQUE DANS L'ARMÉE

Le Ministre de la guerre à MM. les Gouverneurs militaires de Paris et de Lyon; les Généraux commandant les corps d'armée. (*Etat-major de l'armée; 3ᵉ Bureau.*)

Paris, le 2 avril 1892.

Mon cher Général, l'utilisation du vélocipède dans l'armée, adoptée en principe dès 1887, est réglementée par la lettre collective du 8 mai 1889.

Mais l'organisation actuelle consiste uniquement à affecter à chaque corps d'infanterie quatre vélocipédistes réservistes ou territoriaux apportant leur machine et à laisser aux commandants de corps d'armée le soin de régler leur service aux manœuvres et en campagne.

Cette organisation correspondait bien à la période de tâtonnements que vient de traverser la vélocipédie.

En effet, il eût été imprudent d'aller plus loin, soit au point de vue des machines, dont les modèles s'amélioraient chaque jour, soit au point de vue de la répartition des vélocipédistes dont le nombre était encore assez restreint et dont le mode d'emploi le plus avantageux ne pouvait être déterminé que par l'expérience.

Les grandes manœuvres annuelles, les exercices particuliers des corps de troupe ont depuis démontré que les vélocipédistes étaient susceptibles de rendre de précieux services en campagne. Leur utilisation comme plantons dans certaines villes de garnison a été également fort appréciée.

D'un autre côté, un mouvement considérable s'est produit en leur faveur; de nombreuses sociétés vélocipédiques se sont fondées, préconisant et vulgarisant ce nouveau sport; l'attention publique, enfin, vivement sollicitée, a été frappée par les résultats obtenus dans des courses auxquelles on cherchait à donner un caractère pratique.

L'usage du vélocipède entre donc de plus en plus dans les mœurs et il est possible de développer l'organisation actuelle et de poser des principes généraux pour l'emploi du service vélocipédique dans l'armée.

Les rapports fournis par les commandants de corps d'armée, en exécution de la lettre collective du 23 septembre 1891, sont d'ailleurs unanimes à cet égard.

J'ai décidé, en conséquence, que les dispositions de la lettre du 8 mai 1889 seraient abrogées et remplacées par celles du règlement provisoire que j'ai l'honneur de vous adresser ci-joint.

L'organisation nouvelle est établie sur des bases assez larges pour permettre d'utiliser les vélocipédistes à diverses missions.

Mais il importe de bien se rendre compte des genres de services qu'on peut retirer de leur utilisation.

Comme moyen de locomotion, le vélocipède présente les avantages les plus précieux. Son prix est relativement peu élevé, son entretien facile.

D'un usage commode et à la portée de tous, il n'a d'autres limites, comme fond et vitesse, que les forces mêmes de son cavalier; la nuit, son allure est encore très rapide; enfin son peu de hauteur et le silence de sa marche sont également des qualités appréciables.

Mais, par contre, il a le grand défaut d'être lié aux routes d'une manière presque absolue.

Si la route est bonne, libre et peu accidentée, le vélocipédiste dispose de tous ses moyens de supériorité; si la route est encombrée, défoncée ou seulement détrempée, sa vitesse sera toujours ralentie et même il arrivera quelquefois qu'il ne pourra se servir de sa machine; enfin, en dehors des routes ou des bons chemins, il sera le plus souvent réduit à l'impuissance, c'est-à-dire que dans ce cas son emploi n'est pas pratique.

Il est donc certain que, dans l'état actuel de la question, le rôle principal des vélocipédistes consiste à transmettre les ordres, comptes rendus ou communications de toute nature.

Leur utilisation comme éclaireurs ou combattants ne doit être tentée qu'à titre d'essai, et il est nécessaire de se tenir en garde contre les exagérations du jour, qui tendraient à faire donner à ce service une importance à laquelle il ne saurait prétendre tout au moins pour le moment.

Les expériences qui pourront être entreprises conformément aux dispositions transitoires insérées dans le règlement permettront seules de fixer des règles plus précises à l'égard des différents modes d'emploi des vélocipédistes.

Signé : C. DE FREYCINET.

Ire PARTIE

BASES DE L'ORGANISATION ET PRINCIPES GÉNÉRAUX

Art. 1er. L'emploi du vélocipède est principalement destiné à faciliter le service d'estafette, c'est-à-dire celui de la transmission des ordres, comptes rendus et communications de toute nature.

Le service vélocipédique est néanmoins organisé sur des bases assez larges pour permettre d'utiliser les vélocipédistes à d'autres missions dans certains cas particuliers.

En campagne et aux manœuvres, les vélocipédistes sont tirés des hommes de la réserve et de l'armée territoriale qui apportent leurs machines.

En temps de paix, l'Etat met à la disposition des corps de troupe un certain nombre de machines.

Art. 2. En garnison, les chefs de corps disposent des machines mises à leur disposition pour faciliter ou réduire le service des plantons et vaguemestres, pour entretenir dans la pratique du vélocipède les hommes ayant l'habitude de ce genre de sport avant leur entrée au service, enfin pour développer chez les officiers le goût de la vélocipédie.

Il en est fait usage dans les exercices en terrain varié et dans les manœuvres de garnison, de manière à familiariser les corps avec ce nouveau moyen de transmission des ordres.

Art. 3. En campagne et aux manœuvres, les divers cas dans lesquels on peut chercher à employer les vélocipédistes se rattachent aux trois situations d'estafettes, d'éclaireurs et de combattants.

a) COMME ESTAFETTES

Art. 4. Pendant le stationnement, toutes les fois qu'on disposera de bonnes routes, les vélocipédistes doivent être employés de préférence aux estafettes et aux plantons pour la transmission des ordres, comptes rendus et communications de toute nature.

Ils peuvent également remplacer les postes de correspondance, ou tout au moins leur venir en aide et permettre de réduire leurs effectifs en hommes montés.

Aux avant-postes, ils rendront encore de grands services, si le terrain est favorable, pour assurer la liaison des différents échelons entre eux et avec le corps principal.

Art. 5. Pendant les marches, ils pourront servir à relier deux colonnes parallèles, les flanc-gardes d'une colonne ou même les éléments de la colonne si la largeur de la route permet leur passage le long des troupes.

Les vélocipédistes des corps de troupe marchent habituellement en tête de leur corps, en poussant leur machine ou en profitant des intervalles laissés entre les éléments pour conserver une certaine liberté d'allure.

Quand les troupes quittent les routes, les vélocipédistes suivent leur corps et marchent à la suite, ou profitent des sentiers qui conduisent dans la même direction, tout en restant à portée de recevoir et de transmettre un ordre.

Les vélocipédistes des états-majors marchent à portée de ces états-majors dans les mêmes conditions.

Art. 6. Pendant le combat, les vélocipédistes pourront souvent servir à relier les états-majors entre eux.

Dans la zone de l'action proprement dite, leur emploi est forcément très restreint. Cette zone n'est pas de leur domaine, puisque les troupes ont quitté les routes et recherchent tous les accidents du terrain.

Sauf des circonstances particulières, dès qu'une troupe prend la formation de combat, les vélocipédistes sont groupés à la réserve, aussi près que possible d'une route, pour servir aux communications avec l'arrière.

b) COMME ÉCLAIREURS

Art. 7. Dans l'état actuel de la vélocipédie, les vélocipédistes sont des éclaireurs imparfaits et insuffisants parce que leur marche est subordonnée à l'état des routes et à leur tracé. Il faut donc considérer comme une exception le cas où ils pourront être employés soit comme éclaireurs, soit comme adjoints à des reconnaissances ou à des patrouilles.

c) COMME COMBATTANTS.

Art. 8. Leur vitesse exceptionnelle, la longueur des parcours qu'ils sont susceptibles de fournir, leur moyen de transport qui ne demande que peu de soins et pas de nourriture, sont des avantages qui pourront parfois les rendre aptes au rôle de partisans chargés d'un coup d'audace ou de surprise et à celui de repli ou de soutien de la cavalerie.

Mais, dans l'état actuel de ce mode de locomotion, le vélocipédiste fait corps avec sa machine, qui lui est personnelle, et avec la route à laquelle il est lié d'une façon presque absolue.

Par suite, l'emploi du vélocipédiste comme combattant est très incertain et ne peut être pour le moment soumis à aucune règle.

Service dans les places.

Art. 9. Dans les places fortes et camps retranchés, les conditions du service de la vélocipédie militaire sont sensiblement les mêmes que dans le stationnement des troupes de campagne.

Les gouverneurs pourront, en conséquence, utiliser dans une large mesure, comme estafettes, les vélocipédistes dont ils disposent.

IIᵉ PARTIE

ORGANISATION DU SERVICE VÉLOCIPÉDIQUE DANS L'ARMÉE

CHAPITRE Iᵉʳ

EFFECTIFS DES VÉLOCIPÉDISTES

Art. 10. Le nombre des vélocipédistes affectés en campagne à chaque corps ou service est indiqué dans le tableau annexé au présent règlement.

Art. 11. Pendant les manœuvres, on cherchera à se rapprocher des chiffres portés sur ledit tableau ; ils devront toujours être considérés comme des maxima. A cet effet, on utilisera les ressources en vélocipédistes fournies par les classes appelées.

En cas d'insuffisance, les généraux commandant les corps d'armée pourront en outre autoriser l'emploi des machines du temps de paix montées par des hommes de l'armée active.

Art. 12. En temps de paix, aucun homme de l'armée active n'a l'affectation de vélocipédiste. Mais des machines fournies par l'Etat sont attribuées aux corps de troupe, savoir :

Deux machines par régiment d'infanterie, d'artillerie ou du génie et bataillon formant corps ;
Une machine par régiment de cavalerie.
Ces machines peuvent être montées par des hommes ayant un an de service et possédant, avant leur arrivée sous les drapeaux, une pratique complète du vélocipède.

Art. 13. Dans le cas où le nombre des vélocipédistes serait supérieur à celui des machines, ces hommes alterneraient entre eux pour faire usage des vélocipèdes.

Le chiffre des hommes ainsi distraits du rang est en conséquence de deux au maximum par corps de troupe, sauf autorisation du commandant du corps d'armée, motivée par des raisons particulières.

Art. 14. Les états-majors et services ne sont dotés d'aucune machine en temps de paix.

Les commandants de corps d'armée déterminent les places de leur région dans lesquelles le service des plantons à pied ou à cheval attribués à des états-majors ou services peut être confié, en tout ou en partie, à des vélocipédistes.

Ce service sera assuré par l'appel successif d'hommes de la réserve ou de l'armée territoriale ayant l'affectation régulière de vélocipédistes et apportant leur machine.

CHAPITRE II

RECRUTEMENT ET AFFECTATION DES VÉLOCIPÉDISTES

Art. 15. Chaque année, avant le 1er juin, les commandants de corps d'armée fixent l'époque d'une épreuve à laquelle sont soumis les candidats à l'emploi de vélocipédiste.

Art. 16. Peuvent prendre part à cette épreuve les hommes de l'armée active dans leur dernière année de service et les hommes de la réserve et de l'armée territoriale.

Les hommes de l'armée active la subissent à leur corps; ceux de la réserve et de l'armée territoriale la subissent dans un corps de leur arme, s'il en existe dans la subdivision de leur résidence, et, à défaut, dans le régiment d'infanterie de cette subdivision.

Les uns et les autres adressent en conséquence une demande écrite au chef du corps devant lequel ils doivent subir l'épreuve, de manière qu'elle lui parvienne au moins quinze jours avant la date fixée par le commandant du corps d'armée.

Art. 17. L'épreuve comporte trois parties : une visite médicale, un examen oral et une course sur route.

Les deux premières parties ne donnent pas lieu à une note ; le candidat est seulement déclaré admissible ou refusé.

Les résultats de la course déterminent le classement des candidats.

Art. 18. La visite médicale est passée par un médecin du corps, qui examine si l'homme remplit toutes les conditions d'intégrité des organes de la respiration et de la circulation, — notamment en ce qui concerne les varices, — s'il n'a aucune prédisposition aux hernies et si, en cas de diminution de l'acuité visuelle, l'usage des verres corrige suffisamment les conditions de la vision.

Art. 19. L'examen oral porte sur la lecture pratique de la carte, la connaissance des signes distinctifs des états-majors (fanions, lanternes, brassards, etc.), l'échelonnement et les formations habituelles des éléments d'une colonne en ordre normal de marche.

Le général commandant le corps d'armée, en même temps qu'il fixe la date de l'épreuve, arrête dans ses détails le programme de l'examen oral. Ce programme est à la disposition de tous les candidats, qui doivent le demander au chef du corps dans lequel ils subiront l'épreuve.

L'examen est passé devant une commission composée de trois membres, savoir :

Un officier supérieur, un capitaine et un lieutenant ou sous-lieutenant dans les régiments ;

Un capitaine et deux lieutenants ou sous-lieutenants dans les bataillons formant corps.

La commission se fait présenter les brevets ou diplômes que le candidat a pu obtenir dans les concours ou auprès des diverses sociétés vélocipédiques, et en tient compte pour la déclaration d'admissibilité.

Les vélocipédistes devant fournir leur machine, les candidats à l'emploi remettent, en outre, à la commission, une pièce (facture légalisée, certificat du maire ou de la gendarmerie, etc.) établissant qu'ils sont possesseurs d'une bicyclette du type de route ou de demi-route.

La commission s'assure qu'ils sont en état de démonter et de remonter la machine qu'ils présentent.

Ceux qui ne pourraient justifier de la possession d'une machine seront prévenus que, quel que soit le résultat de l'épreuve, leur affectation comme vélocipédistes ne peut être définitive qu'après la production de la pièce indiquée ci-dessus, qui doit parvenir au chef de corps ou au commandant du bureau de recrutement, suivant le cas, au plus tard le 15 octobre.

Art. 20. La course sur route est fournie suivant un itinéraire déterminé par le chef de corps, qui prend les mesures nécessaires pour qu'elle soit contrôlée de manière à éviter toute fraude.

Le seul modèle de machine à employer est la bicyclette. Elle est apportée par l'homme si ce dernier est de la réserve ou de l'armée territoriale. Les hommes sous les drapeaux peuvent, s'ils en font la demande, faire usage des machines régimentaires.

La course est de 90 kilomètres à couvrir en moins de six heures pour les candidats à l'emploi de vélocipédiste dans les états-majors et dans la cavalerie ; elle est de 48 kilomètres à couvrir en moins de quatre heures pour ceux qui peuvent être employés dans les autres corps ou services.

Les candidats qui n'ont pas obtenu ce dernier résultat sont éliminés.

Art. 21. Les résultats de l'épreuve sont consignés, pour les hommes de l'armée active, sur les états d'affectation modèle 17 que les corps font parvenir le 1er juillet aux commandants des bureaux de recrutement, et, pour les hommes de la réserve et de l'armée territoriale, sur des états de même modèle qui reçoivent la même destination.

Les commandants des bureaux de recrutement adressent ensuite un relevé de ces divers états au général commandant le corps d'armée, qui décide de l'affectation suivant les besoins des corps ou services et d'après les résultats obtenus par les candidats.

Cette décision est portée à la connaissance des corps ou services intéressés et des bureaux de recrutement.

Mention en est faite par leurs soins sur les livrets des hommes qui sont alors définitivement affectés comme vélocipédistes, s'ils ont rempli la formalité prévue au dernier alinéa de l'article 19 ci-dessus. Dans le cas contraire, il en est rendu compte au général commandant le corps d'armée, qui comble les vacances produites au moyen des candidats classés après ceux qui n'ont pu être affectés, faute d'avoir justifié de la possession d'un vélocipède.

Art. 22. Les vélocipédistes des corps de troupe sont affectés à ces corps.

Ceux des états-majors ou services sont affectés aux sections de secrétaires, de commis et ouvriers ou d'infirmiers.

Dans le cas où ces états-majors ou services ne seraient pas stationnés avec la portion centrale desdites sections, les vélocipédistes qui leur sont attribués comptent dans

Instr. vél.

ces sections, mais seront mobilisés par les soins d'un corps de la garnison.

Art. 23. Les vélocipédistes conservent leur grade de soldat, caporal ou sous-officier.

Toutefois, les fourriers, sergents majors ou maréchaux des logis chefs et adjudants qui voudraient être affectés comme vélocipédistes doivent être remis sergents ou maréchaux des logis au moment de leur affectation.

Art. 24. Les vélocipédistes comptent en sus des effectifs réglementaires.

CHAPITRE III

HABILLEMENT, ÉQUIPEMENT ET ARMEMENT DES VÉLOCIPÉDISTES

Art. 25. L'habillement des vélocipédistes comporte les effets indiqués ci-après :

1° Capote ou manteau réglementaire de l'arme ou du service roulé sur le sac ou dans le ballot;

2° Vareuse du modèle des chasseurs alpins, avec numéro du corps ou attributs du service;

3° Pantalon d'ordonnance, sans basane en cuir pour les armes à cheval;

4° Pèlerine courte en drap, du modèle des zouaves;

5° Képi du modèle réglementaire de l'arme;

6° Brassard en drap de couleur du fond portant comme attribut un vélocipède en drap rouge pour les caporaux, brigadiers ou soldats; en or ou argent pour les sous-officiers.

Art. 26. Le linge attribué aux vélocipédistes comporte les effets réglementaires; toutefois, ils sont pourvus de deux chemises de flanelle de coton.

Art. 27. La chaussure est le brodequin réglementaire de l'infanterie avec jambières en cuir pour toutes les armes.

La deuxième paire de chaussures est la chaussure de repos réglementaire pour les troupes à pied et la botte pour les armes à cheval.

Art. 28. L'équipement comprend :

1° L'étui-musette du modèle réglementaire ;
2° Un sac à dépêches ;
3° Le petit bidon et le quart ;
4° Le havresac du modèle réglementaire pour les troupes à pied ; cet objet est porté sur les voitures ;
5° L'étui de revolver avec ceinture.

Art. 29. L'armement est constitué par le revolver du modèle réglementaire avec dix-huit cartouches.

Art. 30. Les dispositions qui précèdent, relatives à l'habillement, à l'équipement et à l'armement, ne s'appliquent qu'aux hommes définitivement affectés comme vélocipédistes après leur passage dans la réserve.

Les hommes de l'armée active, employés provisoirement pendant leur séjour sous les drapeaux, conservent la tenue de leur corps.

Quant ils montent les machines fournies par l'Etat, ils sont sans armes et leurs sacs ou ballots d'effets sont portés sur les voitures. En outre, dans les armes à cheval, ils font usage du pantalon sans basane et d'une chaussure d'homme à pied (souliers, brodequins ou bottes sans éperons).

CHAPITRE IV

DU MATÉRIEL A EMPLOYER

Art. 31. Le type employé dans l'armée est une bicyclette de n'importe quel modèle, pourvu qu'elle remplisse les conditions d'une machine de route ou de demi-route.

Art. 32. En cas de mobilisation et pour toutes les convocations, les vélocipédistes apportent avec eux la machine dont ils sont propriétaires, ainsi que quelques pièces de rechange (rayons, écrous, etc.). A leur arrivée, ces machines sont examinées, vérifiées et évaluées, savoir :

a) Dans les corps de troupe, par une commission composée d'un adjudant-major, de l'officier d'armement et du chef armurier;

b) Dans les états-majors ou services, par un officier ou fonctionnaire désigné par le chef de service, assisté de l'officier d'armement et du chef armurier d'un des corps de la garnison.

Art. 33. Lorsque la machine n'est pas jugée susceptible de faire un bon service, l'affectation du vélocipédiste est annulée et le commandant du corps d'armée prononce, s'il y a lieu, le changement d'arme nécessaire.

Art. 34. Les vélocipèdes attribués aux corps de troupe en temps de paix, en vertu de l'article 12 ci-dessus, sont fournis par le service de l'artillerie, qui détermine le modèle à fabriquer dans les ateliers de l'Etat. En cas de mobilisation, ces machines sont emportées par les corps et forment une première réserve pour servir au remplacement des vélocipèdes mis hors d'usage.

CHAPITRE V

ADMINISTRATION. — SOLDE ET INDEMNITÉS ATTRIBUÉES AUX VÉLOCIPÉDISTES. — RÉPARATIONS. — RÉFORME

Art. 35. Les vélocipédistes des états-majors et services sont administrés comme les isolés des quartiers généraux.

Ceux des corps de troupe comptent dans les étatsmajors ou dans une unité de leur corps.

Art. 36. En garnison, les vélocipédistes, convoqués conformément aux dispositions de l'article 14 ci-dessus, reçoivent la solde de leur grade.

Aux manœuvres, les vélocipédistes affectés aux états-majors et services ont droit à l'indemnité journalière de 2 fr. 50 à l'exclusion de toute autre allocation. Les vélocipédistes des corps de troupe n'ont droit, en principe, qu'à la solde de leur grade et vivent à l'ordinaire ; exceptionnellement, et sur l'ordre du chef de corps, il leur est alloué une indemnité de 2 fr. 50 par jour lorsque leur service ne leur permet pas de vivre à leur corps.

Les indemnités journalières de 2 fr. 50 sont imputées sur les fonds de l'indemnité de route.

En campagne, les dispositions pour la solde des vélocipédistes sont les mêmes qu'aux manœuvres. En outre, le chef de corps ou de service peut leur délivrer, dans certains cas, des bons de réquisition pour une demi-journée de nourriture chez l'habitant.

Art. 37. En garnison, les vélocipédistes ont droit à une indemnité journalière de 0 fr. 50 pour l'usure et l'entretien de leur machine (graissage, menues réparations, etc.).

Aux manœuvres, l'indemnité journalière pour usure et réparations est de 0 fr. 75.

Dans les deux cas, les grosses réparations, par suite de cas de force majeure constatés par procès-verbal, sont à la charge de l'Etat.

En campagne, la machine est réquisitionnée conformément à l'article 17 du décret du 2 août 1877. Le vélocipédiste ne reçoit en conséquence aucune indemnité journalière; toutes les réparations sont à la charge de l'Etat. Quand le vélocipédiste reprend possession de sa machine, il est indemnisé de la dépréciation qu'elle a pu subir en prenant pour base l'évaluation faite par la commission dont il est parlé à l'article 32 ci-dessus.

Art. 38. Les indemnités pour usure et entretien sont

payées sur le fonds du service de la solde et régularisées dans une colonne spéciale des feuilles de journées de l'unité à laquelle les intéressés appartiennent.

Art. 39. Les dépenses résultant des grosses réparations aux vélocipèdes apportés par leurs propriétaires, ainsi que celles de toutes les réparations aux vélocipèdes fournis par l'Etat, incombent au service de l'artillerie. Autant que possible, ces réparations sont faites dans les corps par les chefs armuriers.

Art. 40. D'une manière générale, les vélocipèdes fournis par l'Etat rentrent dans la composition du matériel des équipages. Ils sont remplacés après réforme prononcée dans les formes ordinaires.

IIIe PARTIE

DISPOSITIONS TRANSITOIRES

CHAPITRE Ier

ORGANISATION

Art. 41. Provisoirement, les vélocipédistes seront armés de la carabine de cavalerie avec 36 cartouches.

L'équipement sera constitué en conséquence.

Art. 42. Jusqu'à ce que le service de l'artillerie ait fourni aux corps de troupe les vélocipèdes qui leur sont attribués en temps de paix, les chefs de corps pourront, dans les limites fixées par le présent règlement (art. 13), employer comme vélocipédistes des hommes de l'armée active ayant un an de service, habitués à la pratique du vélocipède et possesseurs d'une machine.

Les réparations ne donnent droit à aucune indemnité.

Art. 43. Les épreuves pour l'affectation des vélocipédistes en 1892 auront lieu au plus tard le 15 juin, de manière que les hommes de la réserve et de l'armée territoriale reçoivent cette affectation le plus tôt possible et répondent comme vélocipédistes aux convocations pour les manœuvres d'automne.

La pièce régulière établissant la propriété d'une bicyclette de route ou de demi-route, dont la production est prescrite par l'article 19 ci-dessus, sera présentée au chef de corps ou de service au moment de la convocation.

Art. 44. Les hommes de la réserve et de l'armée territoriale ayant actuellement l'affectation de vélocipédistes, en vertu des dispositions antérieures, conservent cette affectation et ne sont soumis à aucune épreuve; mais ils doivent produire avant le 15 juin la pièce régulière établissant qu'ils sont propriétaires d'une machine.

Cette disposition est portée à la connaissance des intéressés par les soins des chefs de corps et par l'intermédiaire de la gendarmerie.

Si le vélocipédiste n'a pas fait la preuve demandée, son affectation antérieure est annulée.

Art. 45. Les hommes de l'armée active dans leur dernière année de service seront admis à subir les épreuves prévues à l'article 43; mais leur affectation ne sera effectuée qu'au moment de leur passage dans la réserve et dans les conditions déterminées par le présent règlement.

Art. 46. Les commandants de corps d'armée répartiront entre les corps ou services sous leurs ordres les hommes ainsi affectés comme vélocipédistes.

CHAPITRE II

EMPLOI

Art. 47. Les principes généraux exposés dans la première partie ne constituent pas des règles absolues.

Les généraux commandant les corps d'armée sont autorisés à employer à titre d'expérience, suivant les circonstances, comme éclaireurs ou même comme combattants, les vélocipédistes des corps ou services sous leurs ordres, et à les grouper à cet effet de la manière qu'ils jugeront convenable.

Les directeurs des manœuvres de garnison ont également toute initiative à cet égard.

Art. 48. Dans le cas de manœuvres de forteresse ou de manœuvres de garnison exécutées sous leur commandement, les gouverneurs des places fortes peuvent demander au général commandant le corps d'armée la convocation par voie d'appels individuels de réservistes ou territoriaux ayant l'affectation de vélocipédistes.

Art. 49. Les rapports fournis à la suite des manœuvres d'automne feront connaître dans un fascicule spécial :

1º L'appréciation des commandants de corps d'armée sur l'emploi du vélocipède en garnison, soit pour le service de planton ou de vaguemestre, soit dans les exercices en terrain varié et les manœuvres de garnison ;

2º Les divers modes d'emploi des vélocipédistes aux manœuvres d'automne et les services qu'ils ont ainsi rendus ;

3º Le nombre d'hommes définitivement affectés, au 1er novembre 1892, comme vélocipédistes dans les corps ou services se mobilisant dans la région et les déficits ou excédents qui en résultent, par rapport aux effectifs de guerre.

Paris, le 2 avril 1892.

Le Ministre de la guerre,

Signé : C. DE FREYCINET.

TABLEAU indiquant le nombre des vélocipédistes affectés a chaque corps ou service.

CORPS OU SERVICES.	NOMBRE des VÉLOCIPÉDISTES.	OBSERVATIONS.
Quartier général d'un corps d'armée.		Les effectifs indiqués ci-contre sont reproduits dans les tableaux d'effectifs de guerre avec la mention qu'ils comptent en sus des effectifs des corps de troupes. Le nombre des vélocipédistes attribués aux états-majors des corps d'armée et des divisions a été calculé de manière à leur permettre de venir en aide aux vélocipédistes des différents services des quartiers généraux, lors des circonstances particulières pendraient insuffisantes les ressources dont ces services disposent.
Etat-major d'un corps d'armée............	8	
Général commandant l'artillerie d'un corps d'armée......................	2	
Général commandant le génie d'un corps d'armée......................	1	
Direction des services de l'intendance....	2	
Direction du service de santé	1	
Trésorerie et postes d'un corps d'armée..	3	
Section télégraphique de première ligne..	2	
Quartier général d'une division d'infanterie.		
Etat-major de la division	4	
Etat-major de l'artillerie divisionnaire....	2	
Services administratifs	2	
Direction du service de santé	1	
Trésorerie et postes	2	
Quartier général d'une division de cavalerie indépendante.		
Etat-major de la division.................	4	
Commandant l'artillerie de la division.....	1	
Sous-intendant de la division	1	
Trésorerie et postes......................	2	
Etat-major d'une brigade d'infanterie.....	2	
Etat-major d'une brigade de cavalerie....	2	
Régiment d'infanterie.....................	4	
Bataillon de chasseurs	3	
Compagnie divisionnaire du génie	1	
Régiment de cavalerie	2	
Commandant de l'artillerie de corps d'un corps d'armée	2	
Etat-major du parc d'artillerie	2	
Ambulance du quartier général	1	
Ambulance divisionnaire..................	1	
Ambulance d'une division de cavalerie....	1	
Boulangerie de campagne	1	

INSTRUCTION PRATIQUE

DES

VÉLOCIPÉDISTES MILITAIRES

CHAPITRE Ier

CONSIDÉRATIONS GÉNÉRALES SUR LA VÉLOCIPÉDIE MILITAIRE

Le vélocipède possède sur le cheval certains avantages : prix, entretien, vitesse.

Le cheval a sur lui l'avantage de pouvoir passer à peu près partout, de franchir certains obstacles.

Les voies de terre sont presque toujours nécessaires au premier, pendant que le second peut s'en passer.

Le cheval est connu : on peut faire rendre à ses moyens leur maximum d'effet utile.

Le vélocipède ne fait que débuter, et, comme tel, il a besoin d'être expérimenté.

On sait, cependant, qu'il permet de fournir des courses plus longues que celles que l'on peut demander au cheval, cela, bien entendu, dans les conditions où il peut être employé.

D'où il résulte que le vélocipède peut, dans certains cas, remplacer le cheval : transmission des ordres, renseignements, etc.

La moyenne des marches de l'infanterie est inférieure à 24 kilomètres ; celle de la cavalerie, dans de bonnes conditions d'entraînement et de terrain, de 50 à 60 kilomètres, à une vitesse moyenne de 9 à 10 kilomètres à l'heure ; celle des vélocipédistes, dans les mêmes conditions, peut, sans exagération, être portée à 80 kilomètres à la vitesse de 14 à 15 kilomètres à l'heure, et soutenue pendant très longtemps.

Dans le cas de marches forcées, l'infanterie peut arriver à 70 kilomètres, la cavalerie à 100 kilomètres, les vélocipédistes à 150 kilomètres, et soutenir ces marches pendant une dizaine de jours.

Enfin, si dans les reconnaissances d'officiers et les raids, la cavalerie peut fournir jusqu'à 150 kilomètres, les vélocipédistes peuvent aller jusqu'à 200 kilomètres et même dépasser de beaucoup, toujours dans un temps moins long.

Les deux grands ennemis du vélocipède sont les terres cultivées et les pentes.

La bicyclette, en raison du peu de place qu'il lui faut pour passer, permet déjà, dans une mesure restreinte, c'est vrai, de traverser certains champs quand ils ne sont pas détrempés et que les cultures ne gênent plus.

Les routes, quel que soit leur tracé, sont généralement praticables, les chemins carrossables presque toujours, les chemins de terre, les sentiers le sont très souvent.

Les routes détrempées augmentent la fatigue, mais restent praticables.

La neige devient un obstacle lorsqu'elle dépasse 5 ou 6 centimètres d'épaisseur.

Les pentes sont désavantageuses à la montée, avantageuses à la descente.

Si le vélocipédiste ne peut passer partout, il a cependant à sa disposition la majeure partie des chemins qui sillonnent le sol.

Dans les pays de montagnes, il est évident que le vélocipédiste ne peut sortir des chemins carrossables ; mais, en pays ordinaire, il pourra souvent se servir des chemins de terre, des sentiers, et, s'il est parfois obligé de traverser des terres, sa machine n'étant pas plus lourde que le sac d'un fantassin, il pourra toujours le faire en la conduisant à la main ou en la transportant sur son dos chaque fois qu'il ne pourra s'en servir autrement.

Le tir de la cavalerie à cheval est exceptionnel. Avec le revolver, le cavalier tire à toutes les allures en plaçant simplement le revolver dans la direction du but. Le peu de justesse de ce tir l'oblige à ne l'employer que de très près. Avec la carabine, le cavalier arrête son cheval et le place de façon que le but se trouve à sa gauche.

Le vélocipédiste peut parfaitement faire usage du revolver sur sa machine, et, en raison de la stabilité relative de son corps, stabilité qui augmente avec la vitesse, il peut tirer à une distance plus grande que le cavalier et obtenir de meilleurs résultats parce qu'il peut viser.

Avec la carabine, le vélocipédiste doit descendre, mouvement plus rapide que celui d'arrêter et de placer un cheval ; il peut alors tirer dans de bonnes conditions, appuyer même sa carabine sur sa machine en prenant la position à genou et repartir dans l'espace de quelques secondes.

Le vélocipédiste sur sa machine est légèrement moins haut qu'à pied. Il est donc beaucoup moins visible qu'un cavalier.

Sa machine lui permet de marcher sans bruit.

De l'ensemble de ces considérations il résulte tout d'abord que les vélocipédistes sont aptes au service d'estafettes. Là, en effet, quand ils auront de bonnes routes à leur disposition, ils pourront fournir des vitesses de 25 à 30 kilomètres à l'heure.

En leur confiant ce service et en l'étendant aux postes fixes de correspondance, on permettra à la cavalerie de disposer de presque tous ses chevaux pour son service spécial.

Est-ce là le seul rôle auquel on puisse les employer? La vitesse, l'absence de bruit, la visibilité permettent de concevoir des vélocipédistes éclairant une route, et même battant l'estrade à l'aide des chemins latéraux.

Les nombreuses voies de communication qu'ils ont à leur disposition, la possibilité de traverser les terres sans qu'ils se séparent de leur machine et leur aptitude au tir permettent également de supposer qu'en les employant dans le combat à des opérations annexes : destruction d'une voie ferrée, d'une gare, d'un ouvrage d'art, etc.; occupation rapide d'un point important en attendant les troupes chargées de le défendre, guerre de partisans, ils pourront rendre des services.

Pour cela, il y aurait lieu de leur donner une arme **plus** puissante que le revolver, la carabine à répétition par exemple.

L'aptitude aux différents emplois signalés ci-dessus est subordonnée à deux conditions essentielles sans lesquelles les vélocipédistes, au lieu d'être utiles, seraient, au contraire, gênants.

La première de ces conditions est que les vélocipédistes soient habiles. Le moyen de locomotion dont ils disposent ne doit pas avoir de secrets pour eux, et ils doivent pouvoir lui faire rendre tout ce dont il est capable.

Nous avons dit plus haut que la majeure partie des voies de communication étaient du domaine des vélocipédistes, que quelquefois ils pourraient passer à travers champs, soit sur leur machine, soit en les transportant. Cela n'est vrai que quand la condition ci-dessus est remplie et que les vélocipédistes sont suffisamment entraînés.

Pour suivre un sentier, large de 40 à 50 centimètres, il est nécessaire que le vélocipédiste soit maître absolu de sa machine, car, dans ce cas, l'allure est subordonnée au chemin, et, s'il est facile à une allure rapide de marcher en suivant une trace étroite, cela devient d'autant plus difficile, à une allure lente, qu'il faut déployer plus de force. De même sur une route occupée par une colonne, le vélocipédiste aura souvent peu de place pour passer; s'il ne peut tirer parti de cette place, et qu'il soit obligé de déranger tout le monde, il deviendra encombrant.

Au point de vue du tir, le vélocipédiste doit pouvoir diriger sa machine avec une seule main, sauter à terre à n'importe quelle allure.

La lecture de la carte demande également qu'il ait une main disponible, sans quoi il perdrait un temps précieux en s'arrêtant pour la consulter.

La deuxième condition est que les vélocipédistes aient une connaissance suffisante du service en campagne, de la lecture de la carte, etc., en un mot de tout ce qui se rattache aux missions qu'on peut leur confier.

Sans ces conditions, nous ne croyons pas à la possibilité d'employer les vélocipédistes en dehors du service d'estafettes, et, encore, seulement sur les bonnes routes.

Nous terminerons ces considérations en faisant remarquer que les vélocipédistes militaires ne doivent avoir rien de commun avec les vélocipédistes amateurs qui choisissent leur temps, leurs routes et qui s'arrêtent dès qu'ils se sentent fatigués. Au point de vue militaire, la vélocipédie cesse d'être un exercice hygiénique et agréable pour devenir un service, souvent pénible, exigeant des vélocipédistes des efforts continuels.

CHAPITRE II

EXERCICES DE VÉLOCIPÉDIE

ARTICLE PREMIER

Fig. 1.

Observations. — Dans les trois premiers exercices, on s'attachera surtout à la recherche de l'équilibre sans s'occuper de la direction. Pour cela, il est nécessaire de les faire exécuter sur une route très large ou sur un vaste terrain bien battu, une place par exemple.

La selle devra être placée de telle sorte que l'élève puisse facilement toucher le sol en allongeant les jambes.

La machine non montée sera toujours conduite de la façon suivante (fig. 1) : le vélocipédiste à gauche, un peu en arrière du gouvernail et en dehors de la pédale, la main gauche sur la poignée de gauche du gouvernail, la main droite sur la poignée de droite, le bras droit allongé ; la machine légèrement inclinée à gauche, de manière à éloigner la pédale de la jambe, tout en évitant de la heurter contre le sol. Pousser ainsi la machine avec les mains.

Au repos, le vélocipédiste se tient de la même façon, face en avant, les talons rapprochés, la machine droite (fig. 2).

1er EXERCICE.
Equilibre sur le marchepied.

Etant à la position de repos prescrite ci-dessus, se porter en arrière de la machine sans quitter le gouvernail des mains ; placer le pied gauche sur le marchepied, la pointe du pied dépassant d'environ 5 centimètres la roue de derrière entre les jambes (fig. 3). Lancer la machine à l'aide du pied droit qui frappe plusieurs fois le sol, maintenir la machine droite ; s'enlever sur le marchepied, la jambe gauche tendue, la droite maintenue légèrement écartée et un peu en arrière, le haut du corps penché en avant avec appui sur le gouvernail (fig. 4).

Chercher l'équilibre dans cette position en observant de tourner le gouvernail du côté vers lequel on perd équilibre.

Fig. 2.

Fig. 3.

Poser le pied droit à terre en fléchissant la jambe gauche quand on se sent tomber ou que le mouvement n'est plus suffisant. Répéter cet exercice jusqu'à ce qu'il soit parfaitement exécuté.

2ᵉ EXERCICE.

Equilibre sur la selle.

Exécuter ce qui est prescrit au premier exercice, se mettre en selle en avançant la jambe droite, puis quitter le marchepied du pied gauche, les jambes raccourcies sans chercher à prendre les pédales, le corps d'aplomb sur la selle avec un faible appui sur le gouvernail (fig. 5). Chercher l'équilibre dans cette position en manœuvrant le gouvernail et autant que possible sans déplacer le corps. Dès que le mouvement n'est plus suffisant, pencher le corps d'un côté ou de l'autre, allonger la jambe du même côté, poser le pied à terre en passant l'autre jambe par dessus la roue de derrière, et en ayant soin de maintenir la machine avec les mains pour que la pédale ne heurte pas le sol, ce qui pourrait la fausser et occasionnerait inévitablement une chute.

Si on vient à perdre l'équilibre, allonger la jambe du côté vers lequel on se sent tomber et descendre comme ci-dessus.

Fig. 4.

Fig. 5.

3ᵉ **EXERCICE**. — **Actionner la machine à l'aide des pédales. Descendre.**

Se mettre en selle comme il est prescrit ci-dessus, les jambes raccourcies, baisser la pointe des pieds de façon à prendre successivement les pédales au moment où celles-ci sont en haut, actionner en allongeant alternativement les jambes, les pieds restant liés aux pédales (fig. 6).

Fig. 6.

Dans le mouvement de pédaler, il faut éviter avec le plus grand soin de déplacer le haut du corps de façon à éviter la perte de l'équilibre. Appuyer sans secousse et d'un mouvement continu sur la pédale qui descend, pendant que sur celle qui remonte le pied repose simplement sans opposer de résistance. Les pieds doivent se rapprocher de l'horizontale, le talon étant plus élevé que la pointe ; la partie arrière de la pédale ne doit pas dépasser le milieu du pied.

Pour descendre, lâcher la pédale gauche et placer le pied gauche en arrière sur le marchepied, continuer à actionner avec la jambe droite, saisir le moment où étant bien placé, la pédale droite remonte pour s'enlever sur le pied gauche en prenant appui sur le gouvernail, passer la jambe droite tendue par-dessus la roue de derrière; poser le pied droit à terre à gauche de cette roue et en arrière du gauche et abandonner en même temps le marchepied du pied gauche.

4e EXERCICE. — Direction. Virage.

Répéter l'exercice précédent en prescrivant à l'élève de diriger sa machine, c'est-à-dire de marcher sur un point donné en s'écartant le moins possible de la ligne droite.

Le virage est un changement de direction d'autant plus difficile que le rayon est plus petit. Faire décrire d'abord un grand cercle et faire marcher sur ce cercle jusqu'à ce que l'élève sente de lui-même qu'il doit porter le haut du corps du côté du centre. Continuer à faire décrire des cercles de plus en plus petits jusqu'à ce que l'élève puisse tourner sur une route. Il est bien entendu que ces cercles doivent être décrits à droite et à gauche.

Dans ces exercices en ligne droite et en cercle, prescrire à l'élève de lâcher alternativement une main pour lui faire perdre son point d'appui sur le gouvernail.

Cette dernière condition, jointe à l'indépendance des jambes, constitue tout le secret de l'habile vélocipédiste.

ARTICLE II

EXERCICES DE DIFFICULTÉS

Observations. — Les exercices de cet article ont pour but d'apprendre aux vélocipédistes les moyens de monter et de descendre sans se servir du marchepied qui peut faire défaut, et de les familiariser avec les virages.

1er EXERCICE. — Monter et descendre par une pédale.

Etant placé à la position de repos, les pieds en arrière de la pédale gauche, placer le pied gauche sur cette pédale, mettre la machine en mouvement en la poussant avec les mains et en sautant sur le pied droit, le pied gauche restant lié à la pédale, accélérer le mouvement, puis saisir le moment où la pédale gauche remonte pour s'enlever sur le pied gauche en prenant appui sur le gouvernail, passer en même temps la jambe droite par-dessus la roue de derrière et se mettre en selle.

Quand l'élève exécute bien cet exercice, il est exercé à monter sans placer, au préalable, le pied sur la pédale. A cet effet, il met sa machine en mouvement, accélère au moment où la pédale gauche est en haut ; puis, à l'instant où elle remonte, il place le pied gauche et se met en selle.

Pour ne pas détériorer les machines, il est important de ne faire monter les élèves directement que lorsqu'ils ont bien compris le mouvement, en plaçant d'abord le pied gauche.

Pour descendre, ralentir l'allure, prendre appui sur le gouvernail, s'enlever sur la pédale gauche au moment où elle remonte, passer en même temps la jambe droite par-dessus la roue de derrière et sauter à terre à gauche sans quitter le gouvernail.

Cet exercice est ensuite répété à droite d'après les mêmes principes en employant les moyens inverses.

2ᵉ EXERCICE. — Sauter en selle.

Etant placé à la position de repos, mettre la machine en mouvement, accélérer, frapper le sol des deux pieds en dehors de la pédale gauche et à peu près à hauteur de l'axe des manivelles, prendre appui sur le gouvernail en portant franchement le corps en avant, s'enlever du même temps, passer la jambe droite par-dessus la roue de derrière et se mettre en selle aussi légèrement que possible.

Même exercice à droite.

3ᵉ EXERCICE. — Direction, virage.

Exercer l'élève à suivre les traces d'un vélocipédiste exercé, d'abord en ligne droite, puis en cercle, et enfin en virant constamment à droite et à gauche.

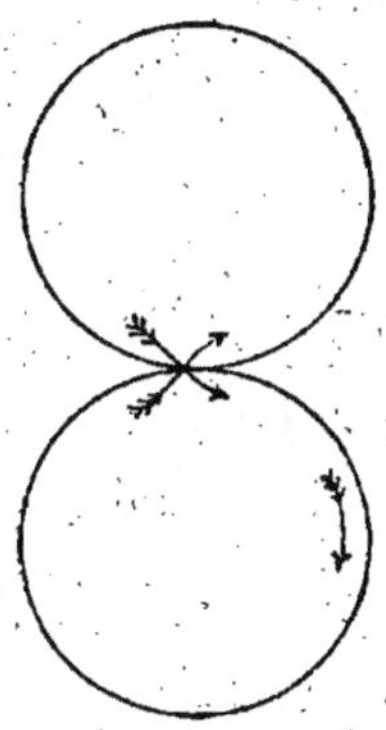

Lui faire décrire un double cercle comme l'indique la figure ci-contre (fig. 7), d'abord très grand, puis de plus en plus petit.

Quand l'élève exécute bien les exercices précédents, il est apte à être entraîné pour le service de planton. Lui faire faire alors sur les routes des courses de longueur et de vitesse progressives.

Fig. 7.

ARTICLE III

Mouvements d'ensemble (fig. 8).

Observations. — Les exercices de cet article sont les mêmes que ceux prescrits dans les deux premiers articles, mais ils sont exécutés à l'ensemble de façon à augmenter les difficultés. Leur but essentiel est d'assouplir assez les vélocipédistes pour qu'ils puissent marcher facilement sur une route encombrée.

Tous les mouvements sont commandés.

Les vélocipédistes sont placés sur un rang, à 4 mètres d'intervalle. Cet intervalle est progressivement réduit à $1^m,50$.

Quand on passe de la marche de front sur un rang à la marche de front sur deux ou plusieurs rangs, ou à la marche en files, la distance entre les vélocipédistes est d'abord de 4 mètres, puis ramenée à la limite inférieure de $1^m,50$. Cette limite ne peut être dépassée à cause de la longueur des machines.

Dans la marche de front, le guide est pris du côté où il est indiqué, à droite habituellement; en files, les vélocipédistes suivent les traces du vélocipédiste de tête.

Garde à vous.

Prendre la position de repos indiquée à l'article 1er.

En selle.

Marche.

Au premier commandement, se placer en arrière de la machine sans quitter le gouvernail des mains, poser le pied gauche sur le marchepied, la roue de derrière entre les jambes, la pointe du pied droit pinçant le sol.

Au commandement de : Marche, se mettre en selle comme il a été prescrit.

Oblique à droite (gauche).
Marche.

Au commandement de : Marche, obliquer à droite (gauche) en décrivant un huitième de cercle et marcher ensuite droit devant soi en prenant la direction du côté vers lequel on oblique.

En avant.
Marche.

Reprendre la marche directe en avant en décrivant un huitième de cercle à gauche (droite). Indiquer le guide s'il y a lieu.

Demi-tour à droite (gauche).
Marche.

Au commandement de : Marche, chaque vélocipédiste décrit un demi-cercle à droite (gauche) et continue la marche dans la nouvelle direction.

Cercle individuel à droite (gauche).
Marche.

Au commandement de : Marche, chaque vélocipédiste décrit un cercle à droite (gauche) en prenant toujours l'alignement à sa droite (gauche) pendant l'exécution du mouvement; il continue dans la direction primitive après l'exécution du cercle.

Double cercle individuel.
Marche.

Au commandement de : Marche, chaque vélocipédiste décrit un cercle à droite, puis, revenu au point de départ, il décrit un nouveau cercle à gauche à la fin duquel il continue dans la direction primitive.

Ce mouvement, se composant de deux cercles décrits l'un à droite, l'autre à gauche, est toujours commencé à droite.

Observations. — Dans l'exécution des exercices précédents, il suffit que les vélocipédistes restent alignés pour qu'ils décrivent tous des cercles de même rayon. En principe, le rayon est égal à l'intervalle qui sépare les vélocipédistes. Pour chaque vélocipédiste, son voisin de droite, si l'on tourne à droite, celui de gauche, si l'on tourne à gauche, lui marque le centre de sa courbe au commencement du mouvement. Il doit donc fixer ce point et tourner autour en gardant l'intervalle du début.

Lorsque l'allure de la marche directe est trop rapide, il y a lieu de la faire ralentir avant l'exécution des mouvements ci-dessus. Le ralentissement a lieu au commandement préparatoire, et doit être d'autant plus grand que le virage est plus petit.

Changement de direction à droite (gauche).
Marche.

Au commandement de : Marche, le vélocipédiste du pivot décrit un quart de cercle à droite (gauche) en ralentissant l'allure; tous tournent légèrement la tête du côté de l'aile marchante, en allongeant d'autant plus l'allure qu'ils sont plus éloignés du pivot et en observant de garder l'alignement et les intervalles.

En avant.
Marche.

Au commandement de : Marche, reprendre la marche directe en avant.

Sur deux rangs.
Marche.

Au commandement de : Marche, les numéros pairs, si

l'on est face en tête, les numéros impairs, si l'on est face en arrière, ralentissent l'allure et viennent se placer derrière les numéros impairs (ou pairs). Les files serrent ensuite à leur distance.

Sur un rang.
MARCHE.

Au commandement de : MARCHE, les chefs de file prennent une distance double en obliquant à gauche (droite), les vélocipédistes du second rang continuent droit devant eux en allongeant l'allure pour se porter à hauteur de ceux du premier.

Répéter sur deux rangs, les mouvements prescrits ci-dessus.

Passer de la marche de front à la marche en files et réciproquement.

Tournez à droite (gauche).
MARCHE.

Au commandement de : MARCHE, chaque vélocipédiste exécute un quart de cercle à droite (gauche) et marche ensuite dans la nouvelle direction en suivant les traces du vélocipédiste de tête.

Par file à droite (gauche).
MARCHE.

Le vélocipédiste de tête exécute un quart de cercle à droite (gauche) et successivement, à la même place que lui, tous les autres vélocipédistes.

Lorsque les vélocipédistes sont sur plusieurs rangs, celui du pivot opère comme ci-dessus, les autres allongent l'allure pour se maintenir à sa hauteur.

En cercle à droite (gauche).
MARCHE.

Au commandement de : MARCHE, le vélocipédiste de

tête, suivi des autres, décrit un cercle à droite (gauche), de façon à rejoindre le vélocipédiste de queue.

Marchez droit.
MARCHE.

Reprendre la marche directe en files.

Double cercle.
MARCHE.

Au commandement de : MARCHE, le vélocipédiste de tête décrit comme ci-dessus un cercle à droite, puis au point où il a commencé, un deuxième cercle à gauche, et continue ainsi à décrire alternativement un cercle à droite et un à gauche jusqu'au commandement de :

Marchez droit.
MARCHE.

Le double cercle est toujours commencé à droite.

Doublez les files.
MARCHE.

Au commandement de : MARCHE, les vélocipédistes numéros pairs, si l'on est face en tête, numéros impairs, si l'on est face en arrière, se portent à droite des numéros impairs (pairs), en obliquant et en allongeant l'allure. Les files serrent à leur distance.

Dédoublez les files.
MARCHE.

Les files ralentissent l'allure pour prendre le double de leur distance, puis les numéros pairs (impairs) ralentissent et reprennent leur place derrière les numéros impairs (pairs).

Observations. — Faire exécuter en file sur un rang les demi-tours, les cercles et les doubles cercles individuels, puis répéter ces exercices sur deux rangs ou plus.

Revenir à la marche de front.

Tournez à droite (gauche).
Marche.

Au commandement de : Marche, chaque vélocipédiste exécute un quart de cercle à droite (gauche) et marche ensuite droit devant lui en s'alignant du côté du guide.

A droite (gauche) en ligne.
Marche.

Le vélocipédiste de tête continue à marcher droit devant lui en ralentissant, les autres se portent en ligne à droite (gauche) en allongeant et en ayant soin de n'arriver en ligne que successivement et à leur intervalle.

Arrêter.

Pour arrêter :
Arrêtez.

Au commandement de : *Arrêtez*, descendre par le marchepied et prendre la position de repos indiquée à l'article premier.

Si l'on ne veut pas faire reprendre la marche immédiatement, commander :

Rompez vos rangs.
Marche.

Au premier commandement, les vélocipédistes numéros impairs passent à droite de leur machine, les numéros pairs rapprochent la leur à 0^m,50 et tous les deux les inclinent l'une vers l'autre en croisant les gouvernails. Les machines ainsi placées se font équilibre et ne risquent pas de tomber.

Au commandement de : Marche, rompre les rangs.

Si l'on est en files, le mouvement s'exécute d'après les mêmes principes sur les vélocipédistes du premier rang.

Rassemblement.

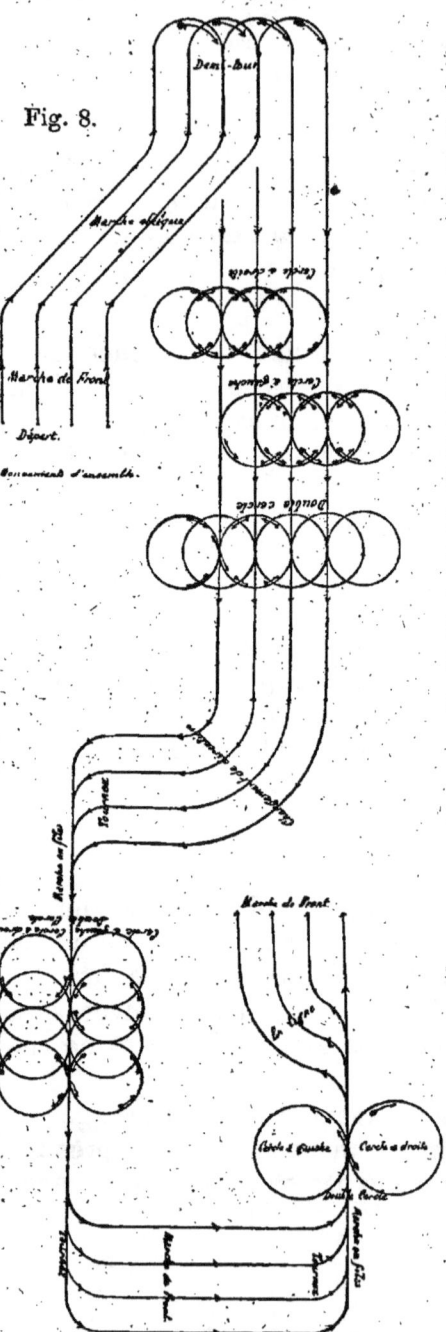

Fig. 8.

A ce commandement, les vélocipédistes se portent à leurs machines et chacun reprend sa place primitive.

Observations.

Quand on veut faire monter ou descendre par la pédale ou sauter en selle, l'indiquer dans le commandement.

Les vélocipédistes répéteront ces exercices en ne se servant que d'une main pour diriger. L'instructeur peut faire les commandements suivants :

Dirigez avec la main droite (gauche).

Dirigez avec les deux mains.

Le but des exercices d'ensemble, qui est d'amener les vélocipédistes à diriger sûrement leur machine, quelles que soient les difficultés, sera d'autant mieux atteint que ces exercices seront mieux exécutés.

CHAPITRE III

TIR

ARTICLE Ier

Exercices et tir du revolver.

Le revolver, dans son étui, est porté en sautoir à droite et en arrière. L'étui doit être attaché assez court pour qu'il ne gêne pas les mouvements de la jambe droite lorsqu'on le ramène en avant pour tirer. La courroie-ceinturon doit être assez serrée pour que l'étui ne ballotte pas.

Les vélocipédistes sont d'abord exercés à pied aux mouvements préparatoires du tir et au tir du revolver. Quand ils connaissent bien ces mouvements on les leur fait répéter sur leur machine. Ces mouvements sont exécutés comme il est prescrit ci-dessous.

Haut = *Revolver* (fig. 9).

Fig. 9.

A ce commandement diriger la machine avec la main gauche, porter la main droite en arrière et ramener l'étui en avant, sortir le revolver, le porter à hauteur et à 0^m,10 de l'épaule droite, le bout du canon en l'air, la sous-garde en avant, le premier doigt allongé le long du pontet.

Chargez = Revolver.

Abaisser le revolver à gauche, placer le canon sur le gouvernail et en-dessous du premier doigt de la main gauche, le canon dirigé obliquement à gauche et en avant, la main gauche soutenant le revolver (fig. 10). Mettre le chien au cran de sûreté et ouvrir la porte avec le pouce de la main droite ; introduire successivement les cartouches dans leur chambre avec le pouce et l'index de la main droite en faisant tourner le barillet de gauche à droite avec le pouce ou l'index de la même main ; fermer la porte, s'assurer que la rotation du barillet n'est pas gênée et reprendre la position de haut le revolver.

Fig. 10.

Tir intermittent.
Commencez le feu.

Cet exercice s'exécute toujours individuellement.
Le vélocipédiste étant placé sur une route et ayant en face de lui, à sa droite ou à sa gauche, une cible ou un

mannequin, s'avance sur l'objectif en armant le revolver à l'aide du pouce de la main droite, puis, dès qu'il est arrivé à distance de tir, il abaisse le revolver, le bras droit demi-tendu, la deuxième phalange du premier doigt de la main droite en avant de la détente, sans la presser, la main droite embrassant la crosse solidement et le plus haut possible, il vise ensuite l'objectif et fait partir le coup en fermant le doigt puis en l'allongeant immédiatement après pour permettre à la détente de revenir à sa position naturelle (fig. 11).

Il fait ensuite face en arrière pour recommencer à tirer jusqu'à ce qu'il ait épuisé les cartouches du barillet.

Fig. 11.

Tir continu.
Commencez le feu.

Dans le tir continu, il est nécessaire de préparer la détente en amenant, par un premier effort, le chien à une position voisine du bandé. Cette position est marquée par un léger temps d'arrêt qu'éprouve la détente.

Le vélocipédiste s'avance comme ci-dessus vers l'objectif, puis, dès qu'il est arrivé à distance du tir, il tire de suite ses six balles en avançant.

Déchargez = Revolver.

Placer le revolver comme pour charger, mettre le chien

au cran de sûreté, dégager la tête de baguette de son tenon, ouvrir la porte, chasser les douilles ou les cartouches avec la baguette qu'on manie de la main droite, faire tourner le barillet de gauche à droite avec le pouce ou l'index de la main droite. Revenir à la position de haut le revolver.

Replacez = Revolver.

Abaisser le revolver et le remettre dans son étui avec la main droite.

NOTA. — Les exercices ci-dessus sont ceux prescrits à l'école du soldat (appendice V), modifiés seulement en ce qui concerne leur exécution sur une bicyclette.

Les vélocipédistes seront d'abord exercés au tir avec le revolver non chargé, puis avec des cartouches à blanc et enfin au tir réel, en prenant toutes les précautions nécessaires pour éviter les accidents.

Les mouvements de *Chargez* et de *Déchargez* sont exceptionnels. En principe, le revolver doit toujours être chargé. Dès que le vélocipédiste a tiré ses six balles, il doit profiter du premier répit pour décharger et recharger.

ARTICLE II

Exercices et tir de la carabine.

Le tir de la carabine n'est pas impossible en marche, mais son manque d'efficacité doit le faire rejeter, d'autant plus qu'il suffit de quelques secondes au vélocipédiste pour s'arrêter, tirer et repartir.

La carabine est portée en sautoir de gauche à droite. Il serait avantageux de la placer sur la machine de la façon suivante : la crosse en avant et un peu au-dessous de la selle, le canon maintenu au-dessus du gouvernail par une fourche articulée. De cette façon, l'arme ne gêne en rien les mouvements et se trouve sous la main du vélocipédiste, lorsqu'il saute à terre pour s'en servir (fig. 12).

Les vélocipédistes étant recrutés parmi les anciens soldats et exercés par conséquent au tir du fusil, il n'y a pas lieu de rappeler ici les principes de la charge et du tir.

Le tir ne devant être exécuté que de pied ferme, le vélocipédiste n'est pas exercé sur sa machine au maniement de la carabine.

Quand il doit en faire usage, il saute vivement à terre et appuie sa machine contre lui, après qu'il a porté le pied droit en arrière, à la position du tireur debout (fig. 13).

Fig. 12.

Fig. 13.

Fig. 14

Il peut prendre aussi la position à genou en inclinant sa machine contre le genou gauche et en appuyant son arme sur la selle (fig. 14).

Il peut également, s'il n'est pas trop pressé, utiliser les abris à sa portée.

Ce tir, étant susceptible d'une grande justesse, augmente l'indépendance du vélocipédiste en lui permettant d'attendre, étant abrité, des cavaliers isolés.

Enfin, il permet de confier à des groupes de vélocipédistes certaines missions pour l'exécution desquelles il peut être nécessaire de faire usage d'un tir plus puissant que celui du revolver.

CHAPITRE IV

MARCHE

Dès que le vélocipédiste sait monter, il ajuste sa selle de façon qu'en pédalant il ne soit pas obligé de tendre le cou-de-pied pour garder les pédales. La selle est bien placée lorsque le mouvement des jambes a lieu sans flexions et sans tensions exagérées.

Il est important que les brodequins soient lacés de façon à laisser entièrement libre l'articulation du cou-de-pied; le pantalon ne doit gêner en rien l'articulation du genou, les jambières ne doivent pas serrer les jambes.

Quand la température le permet, il est avantageux de n'avoir que la chemise sur le dos, tant que l'on est en mouvement. Rouler la vareuse sur le porte-bagages, et, s'en vêtir dès que l'on s'arrête.

S'abtenir des boissons alcoolisées qui, prises en excès, mettent un vélocipédiste dans l'impossibilité de se servir de son instrument. En principe, boire quand on a soif, si toutefois on le peut, mais toujours modérément, rien ne coupant les jambes comme la boisson prise en quantité, même lorsqu'elle est hygiénique.

Se mettre toujours en marche, soit au début d'une marche ou à la suite d'un repos, à une allure lente pendant plus ou moins de temps suivant le degré d'entraînement, en moyenne 2 ou 3 kilomètres. Il est bien entendu que cette observation n'a aucune valeur quand il y a lieu de produire une grande vitesse et que la course ne dépasse pas quelques kilomètres.

Aller, chaque fois qu'on le peut, aussi en ligne droite que possible. C'est la marche la moins fatigante et la plus rapide parce que toute la force employée agit dans le même sens, tandis qu'en allant de droite et de gauche une partie de cette force se perd dans ces changements de directions, ou est employée au maintien plus difficile de l'équilibre.

Dans les montées, pencher le haut du corps en avant. Si la montée est difficile, porter alternativement le poids du corps sur les pédales au moment où elles descendent en gardant, toutefois, un léger point d'appui sur la selle. Si la montée est longue, aller lentement pour éviter de pousser l'essoufflement jusqu'à la suffocation. On peut aussi décrire des lacets comme l'indique la figure ci-contre. Si la montée est courte, on peut l'emballer, c'est-à-dire la franchir en vitesse. Eviter, sans nécessité, les tours de force qui consistent à gravir des pentes pour lesquelles il faut déployer une force trop considérable. Ce genre d'exercice, outre qu'il est sans avantage parce que la vitesse que l'on peut obtenir ainsi ne peut guère être supérieure à celle du pas, est toujours dangereux et met rapidement un vélocipédiste hors de service. Dans tous les cas, si la route est longue, il est bon de profiter de quelques montées pour se reposer en les gravissant à pied.

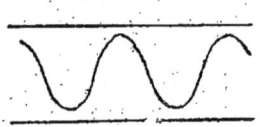

Dans les descentes, il est imprudent de quitter les pédales. Toutefois, si la descente est faible, on peut placer les pieds sur les repose-pieds ; mais, si elle est de nature à déterminer une grande vitesse, il faut pédaler en arrière, c'est-à-dire appuyer sur les pédales au moment où elles remontent et non quand elle descendent. L'usage du frein peut être nécessaire, mais il faut l'employer le moins possible à cause des détériorations qu'il produit sur le caoutchouc. Il est préférable de ralentir avec les pédales.

Pencher le haut du corps plus ou moins en arrière suivant la pente.

Dans des cas pressants, le vélocipédiste doit, au contraire, profiter des descentes pour obtenir la plus grande vitesse possible, et cela en actionnant vigoureusement les pédales.

En tenant compte des pentes, on peut admettre qu'un vélocipédiste entraîné peut fournir une vitesse moyenne de 15 kilomètres à l'heure pendant cinq ou six heures par jour.

Sur les routes pavées, suivre de préférence le milieu de la chaussée pour éviter le glissement de la roue de derrière sur les pavés inclinés des côtés. Lorsque les pavés sont secs, cet inconvénient n'a généralement pas lieu; mais, dès qu'ils sont mouillés ou boueux, il faut être habile vélocipédiste pour les traverser à une allure rapide sans tomber.

Eviter de monter sur les trottoirs ayant des rebords à angle vif. Quand on rencontre un obstacle qui peut être franchi avec la machine, il faut, au moment où la roue de devant monte sur l'obstacle, porter le corps en arrière pour la décharger, et, dès qu'elle est passée, reporter le corps en avant en s'enlevant légèrement sur les pédales pour décharger celle de derrière. Si l'on a à traverser de petits fossés, comme ceux qui coupent les accotements des routes, il faut les prendre en biais et opérer comme ci-dessus.

Quand l'obstacle est élevé, mais franchissable, il faut l'aborder à une allure rapide; au contraire, quand il est formé par un fossé, il faut ralentir l'allure.

Il est quelquefois possible de marcher à travers champs lorsque les terres ne sont pas détrempées. Dans ce cas, suivre de préférence les sillons qui séparent les cultures. En terrain horizontal, et surtout en descendant, cette marche, dans les conditions ci-dessus, n'est pas trop pénible.

Les chemins de terre présentent généralement entre les ornières un sentier bien battu qui permet de les suivre assez facilement.

En général, les chemins non entretenus, les sentiers, sont praticables quand ils ne sont pas détrempés. En mettant pied à terre aux montées trop rudes on les parcourt encore assez rapidement.

CHAPITRE V

LECTURE DE LA CARTE

Nous ne donnons ici que des indications générales, assez complètes cependant pour permettre à un vélocipédiste de faire usage de la carte pour son service.

CARTE DE L'ÉTAT-MAJOR AU 1/80,000.

Voies de communication (1).

1° ROUTES ET CHEMINS DIVERS

Routes nationales, représentées par deux traits dont l'un est renforcé.

Routes départementales, représentées par deux traits pleins.

Autres chemins carrossables, représentés par deux traits pleins plus rapprochés que dans les routes départementales.

Les petits points placés en dehors et contre les traits indiquent que les routes ou les chemins sont bordés d'arbres.

En général, les voies désignées ci-dessus sont praticables aux vélocipédistes, même lorsqu'elles sont détrempées.

Les autres voies sont figurées de la façon suivante :

---

(1) Pour toutes les figures qui ne sont pas reproduites dans le texte, se reporter aux pages 65 et suivantes qui renferment tous les signes conventionnels employés dans la carte de France.

Un trait plein et un autre en éléments de lignes sont très souvent praticables même détrempés.

Un seul trait plein représente des chemins irrégulièrement entretenus ou des chemins de terre, praticables quand ils sont secs.

Une ligne alternativement composée de traits et de points, ou seulement de traits ; sentiers (assez rares) peu praticables sauf en plaine.

Pour ces dernières voies, il y a lieu de tenir compte de la pente. Une pente ascendante, même légère, oblige souvent à mettre pied à terre, tandis qu'au contraire une pente descendante facilite la marche et la permet souvent quand les chemins ou sentiers sont détrempés.

2° CHEMINS DE FER

Une voie ferrée est représentée par un seul trait plein renforcé.

En dehors de la voie, ou des voies, la plate-forme présente généralement un sentier, frayé par les hommes d'équipe, qui peut être utilisé par les vélocipédistes. Même en l'absence de ce sentier, les voies ferrées doivent être considérées comme praticables.

Rencontre d'une route et d'une voie ferrée.

Une route traverse une voie ferrée *en dessus* : le trait de la voie est interrompue par les traits de la route.

En dessous, les traits de la route sont interrompus par le trait de la voie, de chaque côté duquel deux petits traits figurent le pont.

Au niveau, les traits de la route sont interrompus par le trait de la voie, et à l'intersection, il y a généralement un petit rectangle noir qui représente la maison du garde.

— 59 —

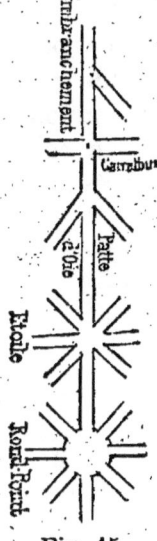

Fig. 15.

Rencontre de deux routes (fig. 15).

Le point où une route se détache d'une autre se nomme embranchement.

Le point où deux routes se croisent forment un carrefour.

Quand plusieurs routes se détachent d'un même point on a une patte d'oie.

Quand plusieurs routes rayonnent d'un même point, elles forment une étoile ou un rond-point.

Ces deux dernières formes se rencontrent surtout dans les bois.

Cours d'eau.

Suivant leur importance, représentés par deux traits, dont l'un est renforcé aux côtés nord et ouest, entre lesquels des lignes parallèles forment une teinte dégradée sur le milieu (fig. 16) ou par un seul trait allant en grossissant de la source au confluent (fig. 17).

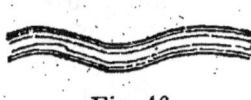

Fig. 16.

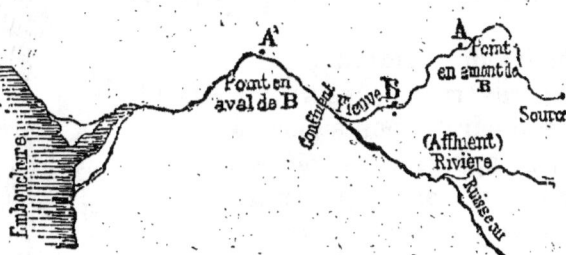

Fig. 17.

Il ne faut pas confondre ces derniers avec les chemins représentés par un seul trait plein. Lorsque le trait du cours d'eau est plus fort que celui du chemin il ne peut y avoir d'erreur. Quand il est d'égale grosseur, observer que celui du cours d'eau est généralement plus sinueux que celui du chemin. De plus, sur les bords des ruisseaux, il y a très souvent des arbres qui sont représentés sur la carte par des petits points.

Les canaux sont représentés par un trait renforcé entre deux traits plus fins

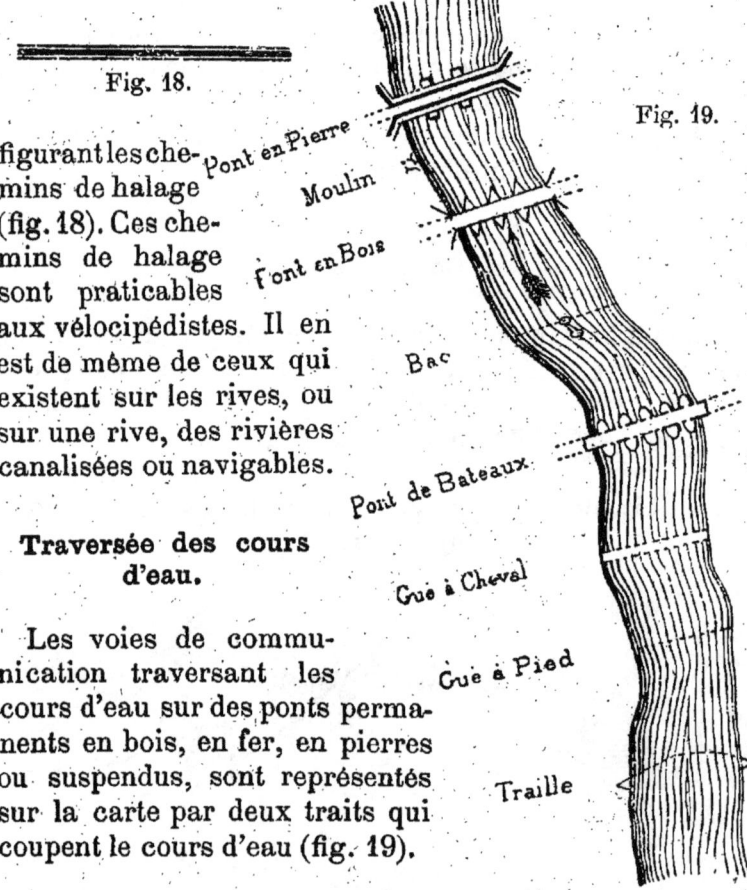

Fig. 18.

Fig. 19.

figurant les chemins de halage (fig. 18). Ces chemins de halage sont praticables aux vélocipédistes. Il en est de même de ceux qui existent sur les rives, ou sur une rive, des rivières canalisées ou navigables.

Traversée des cours d'eau.

Les voies de communication traversant les cours d'eau sur des ponts permanents en bois, en fer, en pierres ou suspendus, sont représentés sur la carte par deux traits qui coupent le cours d'eau (fig. 19).

Un bac est représenté par un bateau et un trait pointillé.

Un bac à traille, par un trait pointillé avec un bateau au milieu et perpendiculaire au trait.

Un gué pour cheval ou voitures, par deux traits pointillés.

Un gué pour piétons, par un seul trait pointillé.

Une traille, par une ligne pointillée courbe.

Tous ces passages peuvent être utilisés par les vélocipédistes.

Eaux stagnantes.

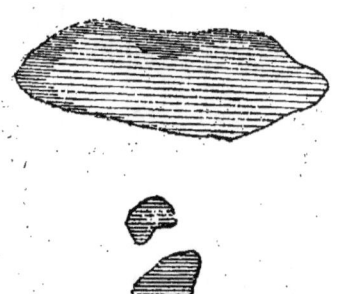

Fig. 20.

Le contour du bassin (lac, étang, mare) est représenté par un trait noir avec des hachures horizontales à l'intérieur (fig. 20).

Lieux habités.

Les maisons sont représentées par un petit rectangle noir, les églises par un cercle.

Lorsque ces petits rectangles sont groupés, ils représentent un hameau, un village, un bourg. Les villes ont un groupement plus étendu dans lequel les pâtés de maisons sont teintés à l'aide de hachures.

Les fermes, les châteaux sont figurés par des rectangles noirs qui représentent les divers bâtiments. En général, on trouve à côté l'indication « ferme de... » « ou château de... »

Cultures.

Les terres labourables sont laissées en blanc.

Les prairies sont représentées par de petits traits fins et serrés.

Les vergers, par des points disposés en quinconce.

Les bois, par un feuillé formé de petits cercles teintés et de points. Ce feuillé est plus épais à la lisière qu'au centre.

Signes administratifs.

(Voir page 65.)

Un chef-lieu de département s'indique par un rectangle, avec les lettres P F à l'intérieur.

Un chef-lieu d'arrondissement, par un losange, avec les lettres S P.

Un chef-lieu de canton, par une ellipse, avec les lettres C T.

Ecriture.

Les noms des localités sont habituellement portés à droite et en haut, sauf quand on ne peut le faire pour ne pas surcharger les écritures ou les détails. L'écriture varie suivant l'importance des localités : préfectures, sous-préfectures, cantons, villages, hameaux, maisons isolées.

Les noms des routes ou cours d'eau sont inscrits parallèlement à la direction de ces routes ou cours d'eau.

Les routes sont désignées soit par les noms des localités extrêmes qu'elles mettent en communication, soit par un numéro. A l'aide des bornes kilométriques qui portent ces mêmes indications, il est toujours facile de trouver sur la carte la route que l'on suit sur le terrain.

En général, tous les objets importants situés à la surface du sol sont désignés par des noms dont la forme et la grandeur des lettres varient en raison de l'importance de ces objets.

Formes du terrain.

Les formes du terrain sont représentées par des hachures.

Les pentes sont d'autant plus fortes que les hachures sont plus courtes, plus serrées, et qu'elles offrent une teinte plus noire.

Les hachures sont convergentes vers le sommet d'un mouvement de terrain et divergentes vers la base de ce même mouvement (fig. 7). La fin des pentes est marquée par des hachures effilées du côté où se terminent les pentes (fig. 21).

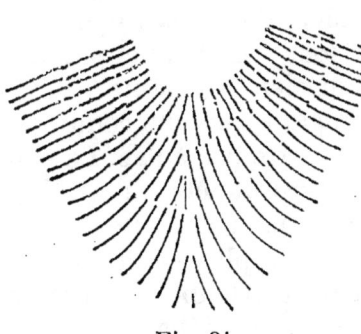

Fig. 21.

Quand un espace est dépourvu de hachures, c'est qu'il est à peu près horizontal. Si cet espace se trouve compris entre des hachures descendant d'un sommet et qu'il se présente sous la forme d'une ligne blanche plus ou moins large, il représente une dépression du terrain. Dans un même mouvement de terrain, cette ligne représente généralement un ravin ; lorsqu'elle s'étend sur plusieurs mouvements de terrain, elle peut encore représenter un ravin, mais plus généralement une vallée. Dans ce cas, le fond en est marqué par un cours d'eau.

Orientation.

Le vélocipédiste peut avoir besoin de rechercher sur la carte le point où il se trouve sur le terrain. Cette opération consiste à placer les lignes de la carte dans une direction parallèle à celles du terrain. Pour cela prendre sur le terrain trois points que l'on puisse retrouver facilement sur la carte, amener les points de la carte dans la direction de ceux du terrain et prolonger à vue d'œil ces directions sur la carte. Le point de rencontre donne le point cherché (fig. 22). Il faut s'aider, dans cette opération, de tous les détails planimétriques environnants.

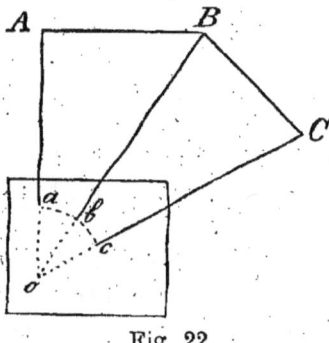

Fig. 22.

Quand un vélocipédiste s'engage sur une route qu'il ne connaît pas, il doit suivre la carte pas à pas. Le point de départ pouvant toujours lui être donné par celui qui l'envoie, il peut facilement, avec un peu d'attention, se rendre, en suivant les chemins les plus favorables, au lieu de sa mission. Il doit surtout redoubler d'attention aux carrefours et dans la traversée des villages.

La nuit, le vélocipédiste doit consulter la carte avant son départ, se graver dans la mémoire les chemins qu'il devra parcourir, les noms des localités qu'il aura à traverser, les embranchements, les carrefours, etc., en un mot tous les détails qui pourront lui faciliter la marche.

Pour obtenir la distance qui sépare deux points, il suffit de mesurer cette distance sur la carte et de porter la longueur ainsi trouvée sur l'échelle qui se trouve au bas.

Un centimètre de la carte représentant 800 mètres du terrain, si l'on mesure cette distance en centimètres, il faudra multiplier par 800 le nombre trouvé.

Tableau des signes pour la carte de France au 80,000°.

Ville Fortifiée.	Clôtures.
Lignes, Retranch.ts Redoutes.	Clôtures en pierre.
Ville Fermée.	Clôtures en fossés.
Ville Ouverte.	Clôtures en levée de terre.
Bourg ou Village	Clôtures en haie.
	Église. _____ o
	Chapelle ou Hermitage ȣ
	Calvaire _____ ⱡ
	Croix. _____ †
	Château, Manoir _____ ⋔
	Ferme. _____ •
	Maison isolée. _____ •
	Tour. _____ •
	Phare _____ •
	Puits. _____ •
	Fontaine. _____ •
	Moulin à vent. _____ ⚒
	Moulin à eau. _____ ⚙

Instr. vél.

Forge, Usine. ———————— •

Fonderie. ———————— •

Manufacture. ———————— •

Télégraphe. ———————— -

Ruines. ———————— ⁙

Point Trigonométrique. △ 210

Clocher servant de
Point Trigonométrique. • 720

Point Coté (Hauteur des Chiffres 0,0008). . 310

Nota — Les Chiffres qui accompagnent les signes ci-dessus expriment, en mètres la hauteur du sol au dessus du niveau de la mer.

Chemins de Fer.

Gare.   Station.

Déblai.   Remblai.

Tunnel.   Viaduc. Ponceau.

Passage
en dessus, en dessous, à niveau.

Routes.

Route Nationale.

tracée, ouverte, terminée.

Route Départementale.

tracée, ouverte, terminée.

Route
encaissée, en chaussée.

Chemin de Grande Communication
Route Agricole ou Forestière.

Ch.in de Moyenne Communication

Chemin Communal.

Sentier

Vestiges d'ancienne voie.

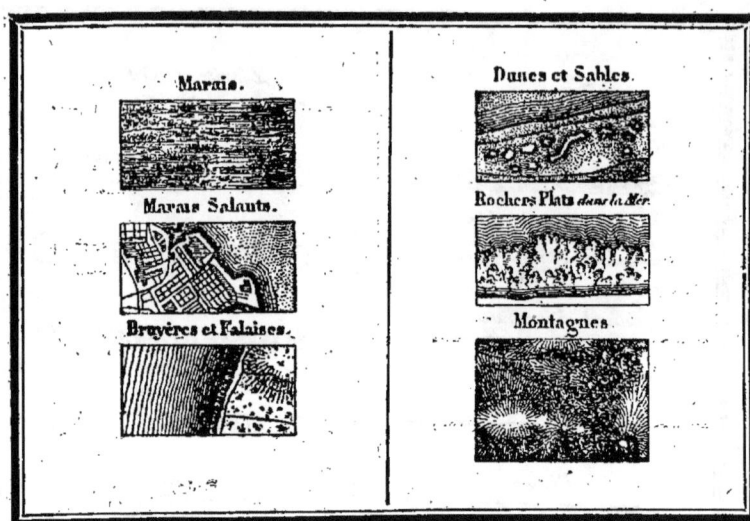

Tableau des abréviations pour la carte de France au 80,000ᵉ

ABRÉVIATIONS.

F^{bg}	Faubourg.	P^{on}	Pavillon.
R.	Rue.	Colomb^r	Colombier.
H^{au}	Hameau.	B^{ide}	Bastide.
Cit^{lle}	Citadelle.	Mal^{rie}	Maladrerie.
P^{te}	Porte.	M.	Mas.
F^t	Fort.	Mét^{ie}	Métairie.
Red^e	Redoute.	F^{me}	Ferme.
Retr^{nt}	Retranchement.	Loc^{re}	Locature.
Bat^{ie}	Batterie.	B^{de}	Borde.
Ch^{au}	Château.	C^{se}	Cense.
K.	Ker.	G^{ge}	Grange.
T^r	Tour.	B^{on}	Buron.
S^{al}	Signal.	J^{se}	Jasse.
Télég^e	Télégraphe.	B^{in}	Barin.
Sém.	Sémaphore.	Cay^r	Cayolar.
Ph.	Phare	O.	Orry.
Couv^t	Couvent.	C^{al}	Cortal.
Abb^e	Abbaye.	Hab^t	Habert.
Eg^{se}	Eglise.	B^{que}	Baraque.
Cim^{re}	Cimetière.	C^{ne}	Cabane.
Ch^{lle}	Chapelle.	Ec^{ie}	Ecurie.
N. D.	Notre-Dame.	Vac^{ie}	Vacherie.
Cr^x	Croix.	B^{ie}	Bergerie.
D$_{ne}$	Douane.	Ch^{et}	Chalet.
P^{te} de D^{ne}	Poste de Douane.	Etab^{nt}	Etablissement.
Aub^{ge}	Auberge.	Us^e	Usine.
Cab^{et}	Cabaret.	Fab^e	Fabrique.
M^{on}	Maison.	Manuf^{re}	Manufacture.
Dom^e	Domaine.	Sc^{ie}	Scierie.
Ch^{née}	Cheminée.	F^{ge}	Forge.

Pap^{ie}	Papeterie.
F^{rie}	Fonderie.
V^{rie}	Verrerie.
Poud^{ie}	Poudrerie.
Salp^{te}	Salpêtrerie.
T^{ie}	Tuilerie.
Briq^{ie}	Briqueterie.
M^{in}	Moulin.
Carr^{e}	Carrière.
Sal	Saline.
E. Min	Eau Minérale.
R^{te}	Route.
Imp^{le}	Impériale.
Dép^{le} . . .	Départementale.
Ch^{in}	Chemin.
Carref^{r}	Carrefour.
Et^{le}	Etoile.
Emb^{re}	Embarcadère.
St^{on}	Station.
P^{ge}	Passage.
B^{re}	Barrière.
G^{d}, P^{t}, V^{x}, etc. . .	Grand, Petit, Vieux, etc.
I	Ile.
Pl^{au}	Plateau.
R^{au}	Radeau.
C	Cap.
P^{te}	Pointe.
P^{t}	Port.
Ch^{ée}	Chaussée.
J^{ée}	Jetée.
Dig	Digue.
B^{che}	Bouche.
Emb^{ure}	Embouchure.
Lag	Lagune.
L^{de}	Lande.
P	Parc à bestiaux.
L^{te}	Lette.
L	Lac.
B^{in}	Bassin.
Et^{g}	Etang.
V^{er}	Vivier.
M^{s}	Marais.
Fl	Fleuve.
R	Rivière.
T^{nt}	Torrent.
R^{au}	Ruisseau.
P^{t}	Pont.
F^{ne}	Fontaine.
V^{ée}	Vallée.
V^{on}	Vallon.
Q^{r}	Quartier.
C^{al}	Canal.
Roub^{ue}	Roubine.
Ec^{se}	Ecluse.
Aq^{uc}	Aqueduc.
Ch^{ne}	Chaîne.
M^{t}	Mont.
M^{gne}	Montagne.
Som^{t}	Sommet.
P	Pic.
Aig^{le}	Aiguille.
R^{er}	Rocher.
G^{ge}	Gorge.
G^{ler}	Glacier.
F^{t}	Forêt.
B	Bois.
R^{ise}	Remise.
Sap^{re}	Sapinière.
Arb	Arbre.
B^{on}	Buisson.
Etc.	

CHAPITRE VI

ÉLÉMENTS DES COLONNES ET SIGNES DISTINCTIFS

1° **Eléments des colonnes.**

Une colonne de division ou de corps d'armée, se compose des groupes suivants :
1° Service d'exploration et de sûreté (cavalerie) ;
2° Avant-garde ;
3° Gros de la colonne ;
4° Train de combat ;
5° Arrière-garde ;
6° Train régimentaire ;
7° Convoi administratif.

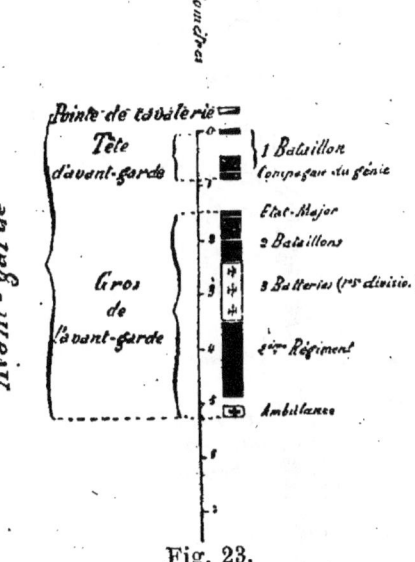

Fig. 23.

Une colonne de division d'infanterie marchant isolément occupe une longueur de 16 kilomètres ; une colonne de corps d'armée, sans le convoi administratif, 37 kilomètres.

Etant donné qu'un vélocipédiste sur une route occupée par une colonne ne peut marcher à la même vitesse que sur une route libre, on conçoit qu'il y aura avantage, au point de vue de la rapidité de la transmission des ordres, à ce qu'il fasse un léger

— 72 —

détour chaque fois que des chemins latéraux le lui permettront. Il pourra d'autant mieux se servir des chemins latéraux qu'il connaîtra la place occupée par l'élément qu'il doit joindre. Ce moyen pourra surtout être employé par les vélocipédistes des états-majors.

Le figuratif ci-contre (fig. 23) donne l'ordre normal de marche d'un corps d'armée sur une route. Il est emprunté à l'ouvrage du colonel Maillard (*Eléments de la guerre*).

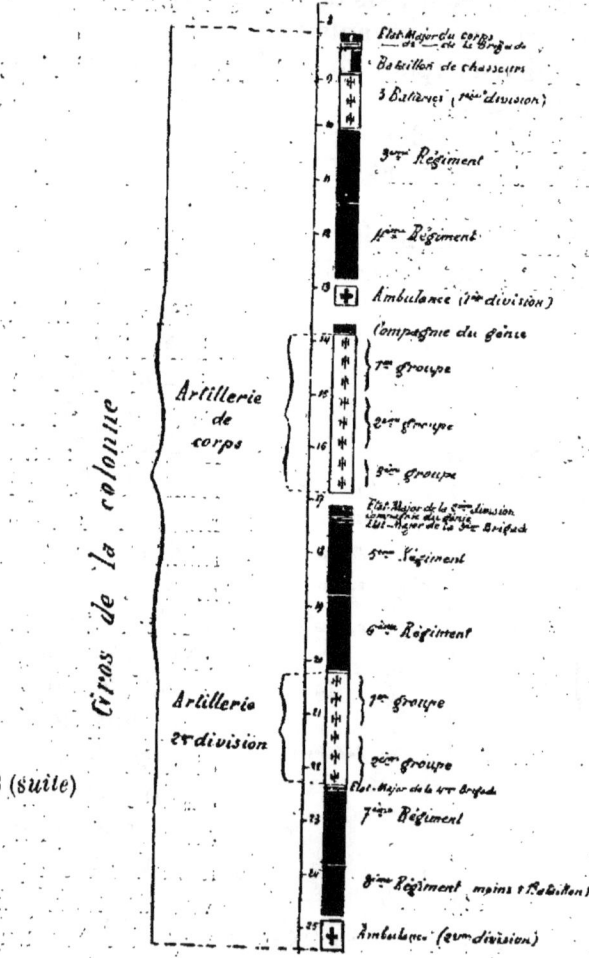

Fig. 23 (*suite*)

— 73 —

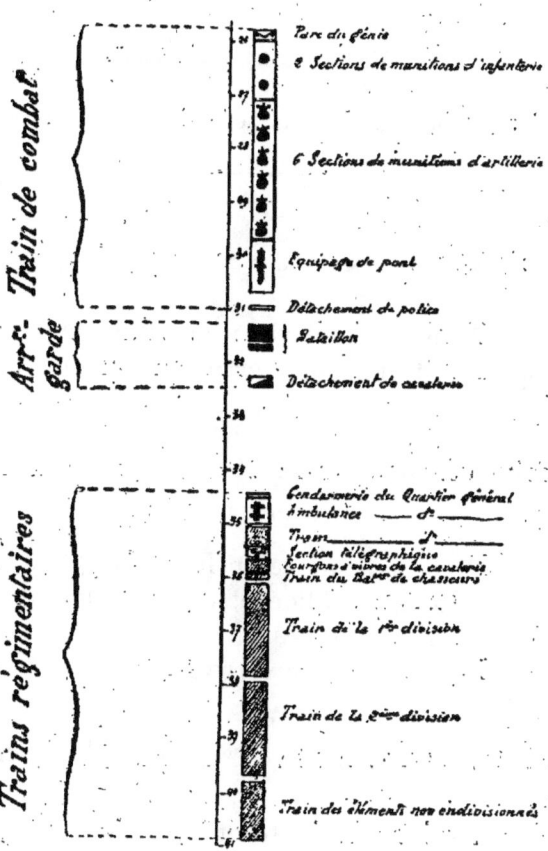

Fig. 23 (fin).

2° Fanions et lanternes.

(Instruction pratique sur le service de l'infanterie en campagne).

GÉNÉRAL COMMANDANT UN CORPS D'ARMÉE

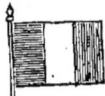
Fanion tricolore en forme de pavillon.
Lanterne avec verre blanc ou incolore.

GÉNÉRAL COMMANDANT LA 1re DIVISION D'INFANTERIE D'UN CORPS D'ARMÉE

Fanion écarlate en forme de pavillon, divisé en son milieu et dans sa hauteur par une bande blanche.
Lanterne avec verre rouge.

GÉNÉRAL COMMANDANT LA 2° DIVISION D'INFANTERIE

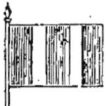
Fanion écarlate en forme de pavillon divisé dans sa hauteur par deux bandes blanches.
Lanterne avec verre rouge.

GÉNÉRAL COMMANDANT LA BRIGADE D'ARTILLERIE D'UN CORPS D'ARMÉE

Fanion en forme de flamme, mi-parti écarlate et bleu de ciel, l'écarlate au sommet, le bleu de ciel à la base.
Lanterne avec verre vert foncé.

GÉNÉRAL COMMANDANT LA BRIGADE DE CAVALERIE D'UN CORPS D'ARMÉE

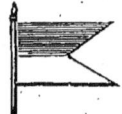
Fanion en forme de flamme, mi-parti bleue de ciel et blanc; le bleue au sommet, le blanc à la base.
Lanterne avec verre vert foncé.

AMBULANCE

Fanion en forme de pavillon, fond blanc, bordé écarlate, avec croix de même couleur sur son milieu.
Deux lanternes dont une à verre rouge et l'autre à verre blanc.

COMMANDANT EN CHEF D'UNE ARMÉE

Fanion tricolore en forme de pavillon, avec une cravate tricolore nouée au fer de lance de la hampe.
Lanterne avec verre blanc ou incolore.

GÉNÉRAL COMMANDANT L'ARTILLERIE OU LE GÉNIE D'UNE ARMÉE

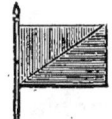
Fanion en forme de pavillon, écarlate et bleu de ciel assemblés en diagonale, l'écarlate au sommet et le bleu à la base.
Lanterne avec verre rouge.

GÉNÉRAL COMMANDANT UNE DIVISION DE CAVALERIE

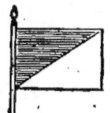
Fanion en forme de pavillon, bleu de ciel et blanc assemblés en diagonale, le bleu au sommet, le blanc à la base.
Lanterne avec verre rouge.

POSTE ET TÉLÉGRAPHE

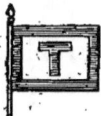
Fanion en forme de pavillon, bordure bleue sur fond blanc, T bleu en son milieu.
Lanterne avec verre incolore et bleu.

SECTIONS DE MUNITIONS D'INFANTERIE, CAISSON DE BATAILLON, 1ʳᵉ, 2ᵉ ET 3ᵉ SECTIONS DE PARC D'ARTILLERIE

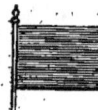
Fanion en forme de pavillon de couleur jaune.
Lanterne avec verre jaune.

SECTIONS DE MUNITIONS D'ARTILLERIE ET 4ᵉ SECTION DE PARC D'ARTILLERIE

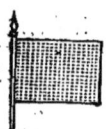
Fanion en forme de pavillon, de couleur bleue.
Lanterne avec verre bleu.

3º **Brassards.**

(Aide-mémoire de l'officier d'état-major.)

Etat-major particulier du Président de la République : blanc avec foudres.

Etat-major particulier du Ministre de la guerre : blanc, avec foudres.

Etat-major de l'armée : blanc et rouge, avec foudres (le blanc en haut).

Etat-major de corps d'armée : tricolore, avec foudres et numéro du corps d'armée (le bleu en haut).

Etat-major de division d'infanterie : rouge avec grenade et numéro.

Etat-major de division de cavalerie : rouge, avec étoile et numéro.

Etat-major de brigade d'infanterie : bleu, avec grenade et numéro.

Etat-major de brigade de cavalerie : bleu, avec étoile et numéro.

Etat-major de l'artillerie d'une armée : rouge, avec canons croisés.

Etat-major de l'artillerie d'un corps d'armée : bleu, avec canons croisés et numéro du corps d'armée.

Etat-major du génie d'une armée : rouge, avec cuirasse surmontée d'un casque.

Etat-major du génie d'un corps d'armée : bleu, avec cuirasse surmontée d'un casque et numéro du corps d'armée.

Etat-major des gouverneurs de places fortes : rouge ou bleu (suivant que le gouverneur est général de division ou général de brigade), avec foudres.

Personnel du service de santé : brassard de la Convention de Genève (blanc à croix rouge).

CHAPITRE VII

NOMENCLATURE, AJUSTAGE ET ENTRETIEN DES MACHINES

Nomenclature sommaire.

La bicyclette comprend quatre parties principales :
 1º Les roues ;
 2º Le corps ;
 3º Les manivelles ;
 4º Les accessoires.

1º *ROUES*. — Les roues comprennent les *jantes*, sur lesquelles sont collés les caoutchoucs ; les *rayons* ; les *moyeux*, formés d'une partie cylindrique portant un *trou graisseur* et terminés à chaque extrémité par un renflement sur lequel sont fixés les rayons. A l'intérieur du moyeu, le trou de l'arbre terminé de chaque côté par une cuvette qui forme, avec les disques du réglage, les *boîtes à billes* ; l'arbre et ses *bouts filetés*. L'arbre s'engage dans le moyeu et reçoit à chacune de ses extrémités un *disque de réglage* qui sert à maintenir et à ajuster les roues sur l'arbre, l'extrémité des branches de la fourche et les écrous qui servent à fixer le tout ;

2º *CORPS*. — Le corps comprend les différentes pièces qui servent à réunir les roues. Il est *droit* ou à *cadre*. Il se compose en général d'un tube droit ou de plusieurs tubes réunis en forme de cadre, des *fourches*, un *pivot de direction* surmonté d'un *gouvernail*, un *tube-support des manivelles* ; la *selle* et sa tige recourbée qui sert à l'ajuster.

3º *MANIVELLES*. — Les manivelles comprennent la *boîte des manivelles* terminée comme les moyeux par des boîtes à billes ; l'*arbre des manivelles* ; les *manivelles* proprement dites ; l'*arbre des pédales* ; les *pédales*, leurs *boîtes à billes*, leurs *caoutchoucs* ou leurs *scies* ; l'*engrenage des* manivelles ; la *chaîne* ; *l'engrenage* de derrière ; les *tendeurs de la chaîne*.

4º *ACCESSOIRES*.—Le garde-crotte d'avant, celui d'arrière, le porte-lanterne, la lanterne, le porte-bagages, etc.

Ajustage.

Quel qu'en soit le modèle, une bicyclette doit pouvoir s'ajuster aux tailles ordinaires, la chaîne doit pouvoir se tendre à volonté.

Pour ajuster une roue, la monter sur l'arbre, les billes placées dans les boîtes, serrer le disque de réglage, de façon que la roue ne ballotte pas, mais puisse tourner librement et longtemps, sous l'action d'une petite poussée.

Les fourches étant placées et les écrous étant serrés à fond, les roues doivent tourner exactement au milieu des branches des fourches.

Ajuster l'arbre des manivelles comme celui des roues, à l'aide du disque de réglage.

Les pédales, ajustées sur l'arbre comme les manivelles et placées tout à fait à l'extrémité libre des manivelles, pour augmenter la longueur du bras de levier.

La chaîne doit être un peu lâche et fixée dans cette position à l'aide des tendeurs.

La selle est plus ou moins montée, suivant la taille, mais jamais assez pour forcer les jambes à s'allonger complètement.

Lorsqu'on est en selle, la jambe allongée sur la pédale, pied doit se trouver un peu en avant du point d'appui du corps.

Pour obtenir ce résultat, faire glisser horizontalement la selle en avant ou en arrière sur sa branche recourbée.

Le gouvernail doit toujours être placé perpendiculairement à l'axe de la machine.

Si la direction est à bille, l'ajuster comme les roues à l'aide du disque de réglage ; si elle est à frottement lisse, l'ajuster d'après les mêmes principes.

Entretien.

Les machines doivent être entretenues avec le plus grand soin.

Quand la machine est couverte de poussière, essuyer les parties en couleur avec un linge légèrement mouillé, les parties nickelées avec un linge sec que l'on passe également sur les autres parties. Quand elle est couverte de boue, la laver à grande eau, puis l'essuyer avec un linge sec.

Démonter de temps en temps les boîtes à billes, essuyer à fond et graisser. Quand on ne démonte pas ces parties, il est bon, tous les deux ou trois jours, de les imbiber de pétrole avant de graisser. Employer également le pétrole pour enlever le cambouis de la chaîne lorsqu'on ne peut le faire avec un chiffon ; graisser ensuite toutes les parties qui éprouvent du frottement avec une huile pure.

Si l'on veut redonner à la machine un certain brillant, passer ensuite sur les parties en couleur un chiffon imbibé de pétrole et essuyer.

Le vélocipédiste ne doit jamais se mettre en route sans être muni d'une sacoche à outils, suspendue à la selle, renfermant les clefs nécessaires pour le démontage et le remontage, une burette à huile, quelques chiffons, quelques billes, etc.

En dehors de sa parfaite fabrication, une machine destinée au service militaire doit être munie de caoutchoucs de première qualité, solidement collés. L'arbre des manivelles, les manivelles doivent être d'une solidité à toute épreuve ; l'ajustage des manivelles sur l'arbre ne doit jamais donner de jeu. Ces conditions sont très importantes au point de vue des pentes qui exigent des efforts que les machines actuelles ne supportent pas toutes.

Paris et Limoges. — Imp. milit. H. CHARLES-LAVAUZELLE.

INDEX

DES

Ouvrages nécessaires aux Vélocipédistes militaires.

Tous ces ouvrages sont en vente à la librairie militaire Henri CHARLES-LAVAUZELLE, 11, place Saint-André-des-Arts, PARIS.

Traité pratique de vélocipédie militaire, d'après le règlement provisoire du 2 avril 1892 sur l'organisation et l'emploi du service vélocipédique dans l'armée, par L.-B. FANOR, rédacteur spécial au *Gaulois* et à la *France militaire*, avec une préface de BAUDRY DE SAUNIER, auteur de l'*Histoire générale de la Vélocipédie*. Ouvrage accompagné de nombreuses gravures. — Volume in-18 de 170 pages, relié toile.................................... 3 »

Histoire générale de la vélocipédie, par L. BAUDRY DE SAUNIER, contenant plus de 150 gravures, estampes anciennes, caricatures anglaises et françaises sur la vélocipédie, dessins spéciaux des machines employées depuis trois siècles. Préface de Jean RICHEPIN.
Volume in-18 de 324 pages........................ 3 50

Aide-mémoire du vélocipédiste militaire aux manœuvres et en campagne, par un membre de l'Union vélocipédiste de France. Brochure in-18.. 1 »

Décret du 26 octobre 1883 portant règlement sur le service des armées en campagne (18e édition, annotée et mise à jour jusqu'en juin 1891). — Volume in-32 de 308 pages, cartonné. 1 »
Relié toile... 1 50

Aide-mémoire de l'officier d'état-major en campagne (3e édition mise à jour jusqu'au 1er mai 1890 par le service de l'état-major général de l'armée). — Volume in-18 de 412 pages, relié toile anglaise.. 5 »

Graphiques de marche. — Papier quadrillé bleu à 2mm, format 30 sur 40 centimètres, avec traits renforcés dans les deux sens pour indiquer les heures et les distances. — La feuille.. » 08

Rapport de reconnaissance, modèle A; conforme au modèle donné à l'instruction pratique sur le service en campagne; n° 72, infanterie, et n° 70, cavalerie. — Le cent................ 2 »

Enveloppes pour lesdits rapports. — Le cent................ 2 »

Rapport journalier (manœuvres de brigades avec cadres, 12 février 1879). — Le cent.................................. 6 »

Carnet des manœuvres, solidement relié, avec poche, deux coulisseaux avec crayons rouge et bleu, fermant avec caoutchouc soie, contenant un bloc de 100 rapports de reconnaissance et 25 enveloppes à leur usage............................ 5 »

Bloc de 100 rapports de reconnaissance, modèle A, pour remplacement dans le carnet ci-dessus. (*Le dos est préparé pour le collage. Il suffit de l'humecter et de l'appliquer.*)......... 2 50

Papier bleu à décalquer indéfiniment, permettant de reproduire simultanément plusieurs copies du même travail. (*Pour obtenir ce résultat, il suffit d'intercaler une feuille de ce papier entre deux feuillets blancs, écrire sur le premier de ces deux feuillets, et l'on obtient une copie: deux feuilles bleues intercalées fournissent deux copies, trois feuilles intercalées en donnent trois, plus l'original.*) — La feuille (format 0,16 × 0.21)....... » 08

Sifflet Baduel à un ton :
   Modèle nickelé............................... 1 » *franco* 1 20
    — avec cordon réglementaire. 1 25 *franco* 1 50
   Le *même* avec boussole et chaînette.......... 2 50 *franco* 2 75

Sifflet Baduel à deux tons :
   Modèle nickelé............................... 1 35 *franco* 1 55
    — avec cordon réglementaire. 1 60 *franco* 1 85
   Le *même* avec boussole et chaînette.......... 2 80 *franco* 3 »

Petit dictionnaire pratique français-allemand à l'usage du soldat français. — Vol. in-18 de 150 p., couverture parcheminée. 1 »
   Relié... 1 25

Guide militaire franco-allemand, à l'usage de l'armée, des écoles militaires, des collèges et des sociétés de gymnastique, par Émile LEBERT. — Vol. in-32 de 134 p., relié toile........ 1 50

Petit guide français-allemand, à l'usage du soldat. — Fascicule in-32 de 20 pages, couverture parcheminée................ » 20

Manuel français-allemand sur les reconnaissances, d'après le programme ministériel du 30 septembre 1874, avec la prononciation figurée, par Jules PAPILLON, officier d'académie, professeur de la Société polytechnique militaire, membre correspondant de l'académie de l'Aude. — Vol. in-32 de 144 p., relié toile.. 1 50

Manuel français-italien sur les reconnaissances, d'après le programme ministériel du 30 septembre 1874, par Jules PAPILLON, officier d'académie, membre fondateur de la Société polytechnique militaire. — Vol. in-32 de 200 pages, relié toile...... 1 50

Manuel français-anglais sur les reconnaissances, d'après le programme ministériel du 30 septembre 1874, par Jules PAPILLON, membre fondateur de la Société polytechnique militaire. — Volume in-32 de 108 pages, relié toile.................. 1 50

Manuel français-espagnol sur les reconnaissances, d'après le programme ministériel du 30 septembre 1874, par A. TAMISEY, vice-président de la Société polytechnique militaire, et Jules PAPILLON, membre fondateur de la même Société. — Volume in-32 de 92 pages, relié toile. 1 50

Poche à cartes en taffetas transparent et imperméable. — Modèle de la maison H. Charles-Lavauzelle (à faces quadrillées). 1 50

L'une des faces est divisée en centimètres et en demi-centimètres, l'autre en carrés renforcés ayant 0,0125 de côté et chacun de ces côtés en quatre parties égales; cette disposition permet de calculer les distances sans le secours du compas ni d'aucun autre instrument sur une carte d'échelle quelconque, depuis le 1/1,000 jusqu'au 1/1,000,000, y compris par conséquent les échelles les plus usuelles de 1/20,000, 1/40,000, 1/80,000, 1/320,000, 1/50,000, 1/100,000, 1/500,000.

Modèle de l'Ecole de guerre (à faces non quadrillées)..... 1 50

Notions sommaires sur l'étude et la lecture des cartes topographiques, par le commandant A. H., avec nombreuses planches et figures (2e édition). — Brochure in-18 de 48 pages...... » 75

Ecole théorique et pratique d'orientation militaire, à l'usage des troupes de toutes armes, par le colonel A. DE VAUCRESSON. — Brochure in-32 de 36 pages........................... » 25

Topographie. — Cours préparatoire du ministère de la guerre, avec figures dans le texte, tableaux et cartes. — Volume in-18 de 182 pages, cartonné................................ 2 »

Topographie (*Cours de Saint-Maixent*), d'après le programme d'enseignement approuvé par décision ministérielle du 3 mars 1888, par Emile ESPÉRANDIEU, professeur à l'Ecole militaire d'infanterie, avec 294 figures intercalées dans le texte, tableaux et cartes. — Volume in-18 de 330 pages, broché........ 5 »

Cours de topographie, à l'usage des officiers et sous-officiers de toutes armes (armée active, réserve, armée territoriale), ouvrage rédigé conformément aux programmes officiels, par A. LAPLAICHE, ancien professeur de l'Université (5e édition). — 2 volumes in-32, brochés...................................... 1 »
    Reliés toile anglaise....................................... 1 50

Notions élémentaires de topographie pratique, à vue et sans instruments, par Romuald BRUNET. 60 figures intercalées dans le texte. — Volume in-32 de 64 pages, broché............ » 50
    Relié toile... » 75

Géologie et topographie, étude des renseignements fournis à la géologie et de leur application à la topographie, par Ernest DELAPORTE, secrétaire adjoint de la Société nationale de Topographie, professeur à l'Association polytechnique. — Volume in-32 de 56 pages, broché............................... » 50
    Relié toile anglaise....................................... » 75

De sa définition même, il résulte que la topographie est la base et l'élément primordial de toute opération militaire. Or, si cette science est un instrument de guerre de premier ordre, il est nécessaire, indispensable, de la perfectionner au suprême degré, de façon à en tirer tout ce qu'elle peut donner. Quelques notions de géologie ne peuvent qu'aider à ce perfectionnement. Ces deux sciences, d'ailleurs, sont si intimement liées, qu'elles n'en forment pour ainsi dire qu'une seule, et qu'il est impossible d'étudier avec fruit la seconde si l'on ne possède pas au moins quelques connaissances élémentaires en géologie.

La Topographie automatique, par Paul PEIGNÉ, colonel d'artillerie, ancien professeur de topographie à l'Ecole spéciale militaire de Saint-Cyr. — Volume in-12, broché................. 1 25

Topographie et géodésie (*cours de Saint-Cyr*), par P. MŒSSARD, capitaine du génie hors cadre, professeur de topographie à l'Ecole spéciale militaire de Saint-Cyr de 1877 à 1880. — Volume in-8º de 400 pages, broché........................... 7 50

Guide pratique de l'enseignement topographique dans les corps de troupe au point de vue de la guerre, par Gaston DE GERAULT DE LANGALERIE, lieutenant-colonel du 144e d'infanterie, officier breveté de l'ancien corps d'état-major. Ouvrage illustré de 50 figures dans le texte. — Volume in-16, relié toile anglaise. 2 50

Carton-planche à dessin pour servir aux levés topographiques 1 25
    franco 2 10

Alidade (double décimètre) triangulaire, l'une............... » 50

Boussole déclinatoire :
    De 0m,07 de côté, l'une................................ 1 25
    De 0m,07 de côté, à suspension........................ 1 60
    Avec boulon pour carton planche....................... 2 »

Boussole forme-montre, cuivre et melchior :
    De 30mm... 1 »
    Avec arrêt de 35mm..................................... 1 55
    — — chape-agate, de 40mm....................... 2 50

Boussole du colonel Peigné................................. 25 »

Loupe en melchior de 45mm, avec manche................. 1 »

Crayons de couleur :
    Mine bleue, qualité supérieure H. C.-L.................. » 25
    — rouge,   —   — .... » 25
    — bistre,   —   — .... » 25
    — verte,   —   — .... » 25

Curvimètre breveté s. g. d. g. — Instrument de poche destiné à mesurer les lignes droites, courbes ou brisées sur les plans et cartes géographiques, indispensable aux officiers, ingénieurs, architectes et géomètres.

Avec étui, manche en bois 1 50
— — en os 1 80

Il consiste en une petite roue dentée qui circule sur un pas de vis et permet de suivre toutes les courbes ou sinuosités.

Curvimètre à cadran, avec étui, servant à mesurer instantanément et sans report à l'échelle les distances sur les cartes géographiques et les plans quelles que soient leurs échelles......... 7.50

A l'usage de MM. les Officiers, Ingénieurs, Architectes, Conducteurs des Ponts et Chaussées, Géomètres, Agents Voyers, Entrepreneurs de travaux publics, Excursionnistes, Administrations accordant à leurs inspecteurs des indemnités kilométriques, etc.

De tous les instruments servant à la mesure des distances sur les plans et cartes géographiques, ce curvimètre, grâce à son mécanisme établi avec le plus grand soins à sa roulette d'un très petit diamètre et à son manche indispensable aux mouvement, de la main, est le seul qui donne aussi rapidement et avec une aussi grande précision les distances cherchées.

N. B. On fait, sur demande, des cadrans avec divisions spéciales pour les cartes d'état-major de tous les pays.

Compte-pas à petite trotteuse 3 aiguilles. — 100,000 pas.
Boîte métal blanc, cadran émail.......... 13 » *franco* 14 »

Ce modèle mesure les distances parcourues en marchant, à un pas ou à un mètre près.

Compte-pas à grande trotteuse 3 aiguilles. — 25,000 pas.
Boîte métal blanc, cadran émail........... 16 » *franco* 17 »

Ce nouveau modèle de précision mesure à un pas ou à un mètre près les distances parcourues en marchant.

Le même, mise à 0 automatique des trois aiguilles.
Boîte métal blanc, cadran émail............................. 30 »

Le même appareil, muni d'un curvimètre et d'une petite boussole, instrument d'une très grande précision.
Boîte métal blanc, cadran émail..................... 36 50

Podomètre, 16 lignes, boîte métal nickelé, mouvement cuivre à deux aiguilles, cadran émail, marche garantie............. 16 »

PUBLICATIONS DIVERSES
DE LA LIBRAIRIE MILITAIRE
Henri CHARLES-LAVAUZELLE
11, place Saint-André-des-Arts, à PARIS

COURS DE GÉOGRAPHIE, ATLAS

Géographie. — Cours préparatoire du ministère de la guerre, avec 14 cartes. — Volume in-18 de 174 pages................ 3 »

Cours complet de géographie, rédigé conformément au nouveau programme d'admission à l'Ecole spéciale militaire de Saint-Cyr, par J. MOLARD, capitaine d'infanterie breveté, professeur adjoint de géographie à l'Ecole spéciale militaire.
   Première partie. — **Europe.** Un volume de texte in-8° de 336 pages, cartonné et un album in-4° contenant 50 croquis. Prix du volume et de l'album........................ 7 »
   Deuxième partie. — **France.** Un volume de texte de 400 pages, cartonné, et un album in-4° contenant 46 croquis gravés et tirés en quatre couleurs. Prix du volume et de l'album.. 12 50
   Troisième partie. — **Colonies françaises, Asie, Afrique, Amérique et Océanie.** Un volume de texte et album contenant 18 croquis gravés et tirés en couleurs. Prix du volume et de l'album.. 5 50

Géographie militaire du bassin du Rhin, par le commandant PICHAT. Ouvrage accompagné d'une grande carte du bassin du Rhin et de dix plans de forteresse tirés à part. — Volume in-8° de 308 pages, broché........................ 6 »

Géographie physique, historique et militaire de la région française (France, Hollande, Belgique, Suisse, frontière occidentale de l'Allemagne), par E. BUREAU, lieutenant-colonel, ancien professeur de géographie militaire à l'Ecole de Saint-Cyr. — Volume in-16 de 1,000 pages, relié toile anglaise........ 7 50

Petite géographie de la France à l'usage des écoles et des familles, avec cartes. — Brochure in-4° de 64 pages............ 1 25

Dictionnaire des communes de la France, de l'Algérie et des autres colonies françaises, précédé de tableaux synoptiques, par GINDRE DE MANCY. — Volume in-18 de 784 pages, richement relié toile anglaise.............................. 5 »

Voies et moyens de communication en France, en Algérie et en Tunisie. Routes; voies navigables; paquebots; chemins de fer; bureaux ambulants; lignes télégraphiques, par Roger BARBAUD, inspecteur des postes et des télégraphes, payeur principal du 18e corps d'armée, licencié en droit. — 2 volumes in-32, brochés .... 1 »
  Reliés toile anglaise 1 50

Les grandes voies commerciales du Tonkin, par le capitaine DEVREZ, de l'état-major des troupes de l'Indo-Chine. Ouvrage accompagné d'une carte des grandes voies de pénétration de la presqu'île indo-chinoise. — Brochure in-18 de 56 pages. 1 »
  Franco 1 20

Atlas de géographie militaire, adopté par M. le Ministre de la guerre pour l'Ecole spéciale militaire de Saint-Cyr. Nouvelle édition entièrement refondue, contenant 42 cartes imprimées en plusieurs couleurs, et publiée sous la direction des professeurs de l'Ecole militaire de Saint-Cyr. — Cartonné ..... 42 »
  Relié toile rouge, biseaux, titre or .... 45 »

1. France géologique.
2. — physique.
3. — météorologique.
4. — agricole.
5. — forestière.
6. — Industrielle et commerciale.
7. — Formation du territoire.
8. — historique.
9. — administrative.
10. — Communications rapides.
11. — militaire.
12. — Camp retranché de Paris.
13. — Carte des places fortes du Nord et de l'Est.
14. — Frontière du Nord-Est.
15. — — du Sud-Est.
16. — — des Pyrénées.
17. — (Région du Nord-Ouest.)
18. — Algérie et Tunisie.
19. — Colonies françaises.
20. Europe physique.
21. — politique.
22. — centrale (d'ensemble).
23. — (partie occidentale).
24. — (partie centrale).
25. — (partie orientale).
26. Iles Britanniques.
27. Suisse.
28. Italie (carte d'ensemble).
29. Alpes et Pô.
30. Péninsule ibérique.
31. Russie et pays scandinaves.
32. Hongrie et Turquie.
33. Grèce et Caucase.
34. Planisphère.
35. Asie.
36. Afrique.
37. Amérique septentrionale.
38. Etats-Unis (partie orientale).
39. — (partie occidentale).
40. Amérique méridionale.
41. Océanie.
42. Les expéditions (Crimée, Cochinchine, Mexique et Tonkin).

La carte géologique se vend séparément 2 francs. — Les autres cartes, 1 francs.

Atlas de géographie générale avec notes statistiques, historiques et géographiques, par le colonel NIOX, professeur à l'Ecole supérieure de guerre. — 35 cartes avec notices, rel. toile. 58 »

Atlas de géographie physique, politique et historique à l'usage des écoles par le colonel NIOX, professeur à l'Ecole supérieure de guerre, et Eugène DARSY, professeur d'histoire au lycée Louis-le-Grand. — 80 cartes in-4º, reliure toile .... 12 »

Grand atlas de géographie physique et politique, par E. LEVASSEUR, membre de l'Institut, professeur au collège de France et au Conservatoire des Arts et Métiers. Cet atlas comprend 58 planches dont 56 simples du format $0^m,45$ sur $0^m,65$ et 2 doubles de $0^m,65$ sur $0^m,90$. — Prix de l'atlas complet, relié toile. 68 »

— VIII —

Le Monde moins la France (*Atlas de géographie moderne*), par G. PAULY et R. HAUSSERMANN, contenant 42 cartes en chromolithographie, 7 couleurs ; le texte est en regard de chacune des cartes. — Volume in-4º, cartonné........................... 2 10

La France et ses colonies (*Atlas de géographie moderne*), par G. PAULY et R. HAUSSERMANN (nouvelle édition), contenant 67 cartes en chromolithographie. — Volume in-4º, cartonné. 3 15

Atlas universel de géographie moderne, par G. PAULY et R. HAUSSERMANN, contenant 120 cartes en chromolithographie, 7 couleurs. — Volume in-4º, cartonné........................... 6 »

Les atlas de MM. Pauly et Haussermann sont adoptés par la ville de Paris et inscrits sur les listes départementales. Ils sont déposés dans toutes les bibliothèques pédagogiques de France.

Algérie et Tunisie. Géographie physique, historique, administrative, agricole, industrielle et commerciale, par E. CAT, docteur ès lettres, professeur de géographie d'Afrique à l'Ecole des lettres d'Alger. — Atlas in-4º, cartonné............... 2 »

Cet atlas se divise en cinq parties : Afrique française, Alger, Oran, Constantine, Tunisie.

Chaque partie se vend séparément, brochée........... » 30
Cartonnée... » 40

RELATIONS DE VOYAGES

Le Tonkin français contemporain, études, observations, impressions et souvenirs, par le docteur Edmond COURTOIS, médecin-major de l'armée, ex-médecin en chef de l'ambulance de Kep. Ouvrage accompagné de trois cartes en chromolithographie. Volume grand in-8º de 412 pages...................... 7 50

Dix mois à Hanoï, étude de mœurs tonkinoises, par Hector PIÉTRALBA.
Brochure in-18 de 72 pages........................... 1 50

D'Haïphong à Toulon. — Souvenirs de voyage, par Hector PIETRALBA.
Brochure in-18 de 104 pages........................... 2 »

Algérie et Tunisie, esquisse géographique, par A. LAPLAICHE, membre et lauréat de plusieurs sociétés savantes, ancien professeur de l'Université.
Brochure in-18 de 106 pages........................... 2 »

Notes sur la religion musulmane en Algérie.
Brochure in-8º de 24 pages............................ » 60

Très intéressante, cette monographie de la religion musulmane dans laquelle l'auteur a condensé l'histoire de l'islamisme, ses dogmes, ses croyances, son culte.

Le Catalogue général de la Librairie militaire est envoyé gratuitement à toute personne qui en fait la demande.

www.ingramcontent.com/pod-product-compliance
Lightning Source LLC
LaVergne TN
LVHW050635090426
835512LV00007B/867